山东省研究生教育创新计划项目
青岛大学研究生教育创新基金资助

中国文化与跨文化交际

王晖　编著

商务印书馆
The Commercial Press

图书在版编目(CIP)数据

中国文化与跨文化交际 / 王晖编著. —北京:商务印书馆,2017(2025.10 重印)
ISBN 978 - 7 - 100 - 13431 - 6

Ⅰ. ①中… Ⅱ. ①王… Ⅲ. ①中华文化—高等学校—教材 ②文化交流—高等学校—教材 Ⅳ. ①K203 ②G115

中国版本图书馆 CIP 数据核字(2017)第 082582 号

权利保留,侵权必究。

中国文化与跨文化交际
王 晖 编著

商 务 印 书 馆 出 版
(北京王府井大街36号 邮政编码100710)
商 务 印 书 馆 发 行
北京虎彩文化传播有限公司印刷
ISBN 978 - 7 - 100 - 13431 - 6

2017 年 11 月第 1 版　　开本 880×1230　1/32
2025 年 10 月北京第 3 次印刷　印张 7⅓
定价:48.00 元

前　言

目前国内出版的跨文化交际教材多数是中外学生通用的，一般是以理论为导向，通过具体的跨文化交际案例来说明理论，或者以案例分析带动对理论的阐释。其目标是培养学生的跨文化交际能力，使他们树立跨文化交际意识。这一总体目标对中外学生都是适用的。但是，我们同时应该考虑到外国学生的特殊需要，他们将来的就业方向是本土汉语教师。作为本土汉语教师，要以本国的汉语学习者为对象进行汉语教学，他们的教学对象在学习汉语的过程中必然面临因为对中国文化的不了解、不理解而产生的跨文化交际问题，要解决这样的问题，仅仅通过上面提到的两类跨文化交际教材是不够的。虽然我们的培养对象经过多年的学习，已经大致地了解了一些应当注意的影响中国人交际的文化因素，但大都是零散的不成系统的，而且有些流于表面，深度不够。我们需要比较全面系统地向他们介绍影响中国人交际的各种文化因素，同时与他们本国相关的跨文化内容相比较，帮助他们更清楚地把握中国交际文化与他们本国交际文化的区别。

本书就是适应国外生源汉语国际教育硕士研究生、本土汉语教师的需要而编写的实用型跨文化交际教材。我们对国外生源汉语国际教育硕士研究生"跨文化交际"课程教学的思考和设想，请参阅附录一的论文。

全书共十五讲,每一讲基本包括九个方面的内容(第一、二、十四、十五讲略有出入):跨文化问题导入、案例、文化专题、跨文化交际提示、常用熟语举例、外国学生谈、作业、扩展学习线索、跨文化交际知识窗。"跨文化问题导入"以跨文化交际中相关主题内容为导向,抓住学生的注意力,使其产生进一步深入探究的欲望。"案例"收录与主题内容相关的典型案例,带领学生通过案例,初步分析导致跨文化交际问题产生的原因。"文化专题"详细、深入地介绍相关主题的文化理论,是本书的重点内容之一。"跨文化交际提示"是对与中国人交际时外国人需注意的问题的具体提示,有相当的实用价值,是本书的特色之一。"常用熟语举例"主要选取了中国人常用的四音节以上的成语、俗语、套话、习惯说法等。之所以选四个音节以上的,是考虑到有一定长度的语言单位能更充分地表达出相关的内容。"外国学生谈"是从外国学生的作业中选录的案例。外国学生对相关文化内容进行中外比较,所谈内容相当有意思。在此要强调一下:此板块的内容仅代表外国学生个人的观点。"作业"既是每个专题的思考题,也是上课参与讨论、发言的依据。"扩展学习线索"是为了帮助学生进一步思考、学习而增加的内容,其中既有著作,也有论文,还有视频(讲座、文化内容展示、小品、电影等)。"跨文化交际知识窗"介绍与主题内容直接或间接相关的跨文化交际知识。

本书虽然是为国外生源汉语国际教育硕士研究生、本土汉语教师编写的,但同样适用于中级水平以上的汉语学习者。对国内生源的汉语国际教育硕士研究生和本科生也有一定的参考价值。

目　　录

第一讲　导论 ··· 1
　　文化专题 ··· 1
　　作业 ··· 17
　　扩展学习线索 ·· 17
　　跨文化交际知识窗 ·· 18

第二讲　各国人的特点 ··· 20
　　跨文化问题导入 ··· 20
　　文化专题 ·· 20
　　跨文化交际提示 ··· 26
　　常用熟语举例 ·· 27
　　外国学生谈 ··· 29
　　作业 ·· 32
　　扩展学习线索 ·· 33
　　跨文化交际知识窗 ·· 33

第三讲　人情与关系 ·· 35
　　跨文化问题导入 ··· 35

案例 …………………………………………………… 35
　　文化专题 ……………………………………………… 39
　　跨文化交际提示 ……………………………………… 43
　　常用熟语举例 ………………………………………… 43
　　外国学生谈 …………………………………………… 44
　　作业 …………………………………………………… 45
　　扩展学习线索 ………………………………………… 46
　　跨文化交际知识窗 …………………………………… 46

第四讲　面子 ……………………………………………… 48
　　跨文化问题导入 ……………………………………… 48
　　案例 …………………………………………………… 48
　　文化专题 ……………………………………………… 49
　　跨文化交际提示 ……………………………………… 53
　　常用熟语举例 ………………………………………… 53
　　外国学生谈 …………………………………………… 54
　　作业 …………………………………………………… 55
　　扩展学习线索 ………………………………………… 55
　　跨文化交际知识窗 …………………………………… 56

第五讲　等级与权威 ……………………………………… 57
　　跨文化问题导入 ……………………………………… 57
　　案例 …………………………………………………… 58
　　文化专题 ……………………………………………… 59
　　跨文化交际提示 ……………………………………… 62

目 录

　　常用熟语举例 …………………………………………… 63
　　外国学生谈 ……………………………………………… 64
　　作业 ……………………………………………………… 65
　　扩展学习线索 …………………………………………… 65
　　跨文化交际知识窗 ……………………………………… 66

第六讲　群体主义与个人主义 ………………………………… 68
　　跨文化问题导入 ………………………………………… 68
　　案例 ……………………………………………………… 68
　　文化专题 ………………………………………………… 69
　　跨文化交际提示 ………………………………………… 73
　　常用熟语举例 …………………………………………… 73
　　外国学生谈 ……………………………………………… 74
　　作业 ……………………………………………………… 75
　　扩展学习线索 …………………………………………… 75
　　跨文化交际知识窗 ……………………………………… 76

第七讲　礼貌与礼仪 …………………………………………… 77
　　跨文化问题导入 ………………………………………… 77
　　案例 ……………………………………………………… 77
　　文化专题 ………………………………………………… 78
　　跨文化交际提示 ………………………………………… 82
　　常用熟语举例 …………………………………………… 83
　　外国学生谈 ……………………………………………… 84
　　作业 ……………………………………………………… 86

扩展学习线索 …………………………………… 86
　　跨文化交际知识窗 ……………………………… 87

第八讲　家庭与夫妻关系 …………………………… 89
　　跨文化问题导入 ………………………………… 89
　　案例 ……………………………………………… 89
　　文化专题 ………………………………………… 90
　　跨文化交际提示 ………………………………… 93
　　常用熟语举例 …………………………………… 94
　　外国学生谈 ……………………………………… 94
　　作业 ……………………………………………… 96
　　扩展学习线索 …………………………………… 96
　　跨文化交际知识窗 ……………………………… 97

第九讲　婚俗文化 …………………………………… 98
　　跨文化问题导入 ………………………………… 98
　　案例 ……………………………………………… 98
　　文化专题 ………………………………………… 100
　　跨文化交际提示 ………………………………… 104
　　常用熟语举例 …………………………………… 105
　　外国学生谈 ……………………………………… 105
　　作业 ……………………………………………… 108
　　扩展学习线索 …………………………………… 109
　　跨文化交际知识窗 ……………………………… 109

目 录

第十讲　餐饮文化与饭局 …………………………………… 111
跨文化问题导入 ……………………………………………… 111
案例 …………………………………………………………… 112
文化专题 ……………………………………………………… 113
跨文化交际提示 ……………………………………………… 120
常用熟语举例 ………………………………………………… 121
外国学生谈 …………………………………………………… 122
作业 …………………………………………………………… 127
扩展学习线索 ………………………………………………… 127
跨文化交际知识窗 …………………………………………… 128

第十一讲　颜色与文化 ………………………………………… 130
跨文化问题导入 ……………………………………………… 130
案例 …………………………………………………………… 130
文化专题 ……………………………………………………… 132
跨文化交际提示 ……………………………………………… 134
常用熟语举例 ………………………………………………… 134
外国学生谈 …………………………………………………… 134
作业 …………………………………………………………… 136
扩展学习线索 ………………………………………………… 136
跨文化交际知识窗 …………………………………………… 137

第十二讲　数字与文化 ………………………………………… 139
跨文化问题导入 ……………………………………………… 139
案例 …………………………………………………………… 139

文化专题 …………………………………………………… 140
　　跨文化交际提示 ………………………………………… 144
　　常用熟语举例 …………………………………………… 145
　　外国学生谈 ……………………………………………… 147
　　作业 ……………………………………………………… 149
　　扩展学习线索 …………………………………………… 149
　　跨文化交际知识窗 ……………………………………… 150

第十三讲　非语言交际 ………………………………………… 151
　　跨文化问题导入 ………………………………………… 151
　　案例 ……………………………………………………… 151
　　文化专题 ………………………………………………… 152
　　跨文化交际提示 ………………………………………… 156
　　常用熟语举例 …………………………………………… 157
　　外国学生谈 ……………………………………………… 158
　　作业 ……………………………………………………… 160
　　扩展学习线索 …………………………………………… 160
　　跨文化交际知识窗 ……………………………………… 161

第十四讲　民间传统游戏 ……………………………………… 162
　　跨文化问题导入 ………………………………………… 162
　　文化专题 ………………………………………………… 162
　　作业 ……………………………………………………… 173
　　扩展学习线索 …………………………………………… 174
　　跨文化交际知识窗 ……………………………………… 174

目　录

第十五讲　传统节日文化……………………………………… 176
　　跨文化问题导入…………………………………………… 176
　　文化专题…………………………………………………… 176
　　跨文化交际提示…………………………………………… 181
　　常用熟语举例……………………………………………… 182
　　外国学生谈………………………………………………… 182
　　作业………………………………………………………… 186
　　扩展学习线索……………………………………………… 186
　　跨文化交际知识窗………………………………………… 187

附录一　关于国外生源汉硕"跨文化交际"课程教学的思考…… 188

附录二　中国文化与跨文化交际调查………………………… 198

主要参考文献…………………………………………………… 208

后记……………………………………………………………… 212

第一讲

导论

【文化专题】

■ 文化、交际文化

一、关于文化

人类是大自然的产物,具有普遍、共同的人性。但自从人类社会产生以来,尤其是人类进入文明社会以来,人更是"有文化"的高等动物。文化性不但使人类区别于其他的动物,更是不同种族、不同民族、不同国家甚至同一国家不同地区的人们之间相互区别的重要的特征之一。正如《论语》中所言:"性相近也,习相远也。"这儿的"性"可以理解为"人性","习"大致可以理解为"文化"。

关于"文化"的定义可谓是五花八门,不一而足,在各种文化理论类和跨文化交际类的著作中大都有非常详细的罗列和分析,我们不再过多重复,只是从为我所用的角度,大致归纳总结一下。

大致而言,文化有广义、狭义之分,广义的文化指人类在实践活动中所创造的物质财富和精神财富的总和,狭义的文化只指精神财富。我们通常所说的文化侧重于它的精神层面。

根据形态或内部结构层次的不同,文化可分为物态文化、制度文化、行为文化、心理文化。物态文化是人类的物质生产活动方式和产品的总和,是可感知的具有物质实体的文化事物;制度文化是人类在社会发展过程中所建立的各种社会行为规范和组织;行为文化是人际交往中约定俗成的以礼俗、民俗、风俗等形态表现出来的行为模式;心理文化是人类在社会意识活动中形成的价值观念、审美观念、思维方式等主观因素。物态文化就是前边所说的物质财富,后三者就是前边所说的精神财富。本书的内容主要涉及行为文化和心理文化。

美国学者奥斯华尔特提出大文化和小文化。他所说的大文化包括文学、历史、哲学、政治等,小文化即普通的社会习惯、人们的生活方式等(张占一,1992)。本书主要关注与人们的生活密切相关的"小文化"。

著名作家、社会评论家龙应台(2005)说:"日子怎么过,就是文化。"这是迄今为止对文化的最通俗的表述。文化就是"一个民族的整体生活方式和价值系统"(刘梦溪,2013)。具体来说,就是怎么生活及生活中判断是非、好坏、合适与否等的标准。文化的内容尽管包罗丰富,但其核心无疑就是价值观念,价值观念不同,则文化也不同,如西方文化价值观念的核心是个人主义,以中国为代表的东方文化价值观念的核心是群体主义。

一提到文化,一般人往往就会想到高大上的抽象理论,是专家学者在书斋里研究的高深学问,实际上文化是非常接地气的具体的存在,文化就在你我他的身边,且须臾不可或缺。

二、关于交际文化

文化的交际性或交际的文化性,国内外学术界早有关注。美国

第一讲　导论

跨文化交际学者皮埃斯(W. Barnett Pearce)曾指出："文化是冻结了的人际交流，而交际是流动着的文化。"（转引自谢少万，2002）美国人类学家爱德华·T.霍尔(1991:102)更是直接说"文化即是交流"。这都简练而深刻地阐明了跨文化视角下的文化和交际的关系。不过，首先将"交际文化"作为一个专门概念提出的应该是国内学者张占一。他从第二语言教学的角度把文化分为"知识文化"和"交际文化"。"……两种不同文化背景熏陶下的人，在交际时，由于缺乏有关某词、某句的文化背景知识而产生误解。这种直接影响交际的文化知识，我们称之为'交际文化'。"（张占一，1990）

影响交际的背后因素很多，有直接的，有间接的，我们认为，交际文化所包括的内容应该是能直接影响交际的因素。需要注意的是，这里的交际包括语言交际与非语言交际，不限于"由于缺乏有关某词、某句的文化背景知识而产生误解"的情况。吕必松（1990）认为，所谓"交际文化"可以理解为"隐含在语言系统中反映一个民族的价值观念、是非标准、社会习俗、心理状态、思维方式等的文化因素。这种文化因素因为是隐含着的，所以本族人往往'习而不察'，只有通过语言和文化的对比研究才能发现其特征并揭示出'文化差异'规律"。如中国学者写的论文，明明是作者自己的观点，却常说"我们认为"，这就是受群体主义观念的影响；中国人见面常用"吃饭了吗？"打招呼，因为中国人注重人情；中国人很少会在别人面前批评、指责一个人，这是为了给别人留面子。除此以外，对人们的交际不是直接发生作用的，都不应该列入"交际文化"的范围，像政治、历史、文学、艺术、地理等无疑也会对人们的交际起一定的作用，但大都是间接的，当不属于"交际文化"的题中应有之义，否则的话，交际等同于文化，"交际文化"就是一个无意义的多余的概念。

从跨文化交际的角度来看,交际就是属于不同文化圈的人所进行的文化的交际,无论是语言交际还是非语言交际都概莫能外。从信息传播的角度看,在进行交际,尤其是第二语言的交际时,不是说仅仅能用语言清楚地表达自己的思想观点或听懂对方语言的表层意义就算完成信息的输出与接收了,这远远不够,要使所传输的信息能被接收者准确地接收,除了能熟练地使用作为传输工具的语言外,还要理解语言背后所隐含的种种影响和制约语言理解的深层文化意义。这种深层文化意义,常常决定着信息传输与接收的成败。正因为如此,毕继万(2009b)提出了"第二语言教学的主要目标是培养学生的跨文化交际能力"的观点。我们认为这是切中肯綮的。

■ 中国文化的类型与特征

一、中国文化的类型

文化学者钱穆认为,"人类文化从源头看,不外乎三种:游牧文化、农耕文化、商业文化"(转引自何兹全,2004:1)。这里的"文化"意思与"文明"相近。人类生存的自然地理环境的不同决定了生产、生活方式的不同,生产、生活方式的不同决定了文明、文化类型的不同,所以说自然地理环境是不同的文明、文化类型产生的根源所在。中国文明、印度文明、埃及文明等都属于农耕文明(大陆文明、大河文明),日耳曼文明、亚洲的匈奴、鲜卑、突厥等属于游牧文明,古希腊、罗马文明属于商业文明(海洋文明)。

中国是典型的农耕文明国家,这是由中国特殊的自然地理环境因素所决定的。中国人世世代代生活在欧亚大陆的东南部,东部面

第一讲 导论

朝浩瀚的大海（黄海、东海、南海），西部是巍巍的高山（昆仑山脉、天山山脉、阿尔泰山脉）、一望无垠的沙漠（塔克拉玛干沙漠），南边是高耸入云的高原（青藏高原）、大山（喜马拉雅山脉），北边是荒无人烟的戈壁沙漠（蒙古戈壁）。东西南北四面封闭，但中间却有大片丰饶的平原、纵横交错的大小河流。中华文明起源于黄河流域，黄河被称作中华民族的"母亲河"，她浇灌了中原大地广袤的土地，孕育了中华民族的子子孙孙，也孕育了源远流长的中华文明。土地肥沃、水力资源丰富，便于农业生产，因此，中国在八千年前就开始走上了以农业生产为主的农耕经济发展道路。

中华民族自古以来就是在这样的自然地理环境下生息、繁衍过来的。如此的自然环境奠定了中国农耕文明的基础，并塑造了与之相适应的具有农耕文明特征的中国文化的品格和中国人的基本性格特点。

地中海及其岛屿和沿岸孕育了以希腊、罗马为中心的商业文明；欧洲大陆的森林、阿拉伯的沙漠、蒙古的大草原则孕育了游牧文明。

这里要说明的是，自然地理环境与文明、文化的关系不能片面地、绝对地去理解。我们要强调的是，离现代越远，它的影响就越大，尤其是在遥远的古代，它的作用就更为显著。随着社会的发展和科学技术的进步，人们对自然环境的利用和改造能力越来越强大，各国之间的交流越来越频繁，社会越来越开放，文化之间的融合、吸收、借鉴也不断发生，但作为一种文化的基本因子却早已形成，并像生物基因一样在一个文化圈内代代相传下来。即便是在号称"地球村"时代的当代，我们仍然能明显地感受到不同文化的差异。

二、中国传统文化的特征

1. 注重伦理道德

中国传统文化深深地扎根于农业社会的土壤之中,以自给自足为主要特征的小农经济或自然经济在中国有两千多年的历史。与之相适应的社会组织结构,就是以家族为中心、按血缘远近区分亲疏的宗法社会结构。血亲意识在中国漫长的历史发展过程中成为维系社会秩序的重要纽带,以此为中心的伦理道德长久地左右着人们的行为规范和社会心理。

中国传统社会的血亲意识非常浓厚。所谓血亲,指的是"六亲"(父、子、兄、弟、夫、妇)、"九族"(父族四、母族三、妻族二),而反映这种血缘关系的亲属称谓也非常复杂。英语中的一个"uncle"就对应着汉语的"伯父、叔父、姑父、舅父、姨父",令来自亲戚称谓单纯的西方国家的人感到不可思议。每个中国人都处于繁杂的血亲关系之中,不同的成员之间按照血缘关系的远近明确各自的本分,各安其位,不得僭越。家国一体,人与人之间靠血缘和泛血缘关系来维系,天下和国家都被看作一个大家庭,父亲是一个家庭的君主,皇帝或君主就是这个大家庭的家长。正如德国哲学家黑格尔所说:"中国纯粹建筑在这一种道德的结合上,国家的特性便是客观的家庭孝敬。"(转引自张岱年等,2015:265)

对处于血缘关系中的个人来说,为了尽到自己的责任,就必须加强个人道德修养。从小的方面来说,要保证家族的稳定;从大的方面来说,要维护国家的稳定和发展。这就是中国人常说的"修身,齐家,治国,平天下"。中国传统文化所提倡的道德一共包括八个方面,称为"八德":孝、悌、忠、信、礼、义、廉、耻。它可以说概括了每个人处世

第一讲　导论

立身的所有方面。能做到这八点的，就是一个道德修养完善的人。这其中，"孝道"尤其被看重，它规定了小辈对长辈的绝对孝顺的原则，被视为一切道德规范的核心、中心和出发点，在家族内是服从长辈，延伸开来，在国家、社会的层面上，就是忠于君主、服从上级。

为了保持社会的稳定，德治和法治都是重要的手段。中国社会历来讲究以德治国、以礼治国（"礼"是"德"的外显）。儒家学说的主流观点认为"人之初，性本善"，即人天性向善，所以，只要个人的道德修养慢慢完善了，每个人都成为谦谦君子了，社会自然就会稳定了。与之相对，西方社会相信"性本恶"，故讲究依法治国。

2. 注重实际，追求稳定

求实、务实是农业社会最为推崇的价值观之一。中国农民在"日出而作，日入而息"的农耕生活中悟出了"一分耕耘，一分收获"的道理，空想和玄想是不务正业的。传统农业生产的方式、技术都是父传子式地一代一代相传下来的，经验非常重要，按照前人的经验去做，就不会出现什么大问题。由于中国人具有这样的民族性格，所以，中国人发展了实用、经验理性，而不大注重抽象的纯粹理论的研究，这也使得创新显得不足。中国人没有创立科学技术的经典理论，但却贡献了以四大发明（指南针、火药、印刷术、造纸术）为代表的一大批实用性的发明。

注重实际，也使得中国社会宗教意识比较淡薄。中国先民们面对神秘的大自然，也曾产生过对天命鬼神的崇拜和敬畏，但这种观念很快就发生了变化。鉴于"天"不能保佑人们的生命安全、生活稳定，先民开始怀疑"天"。《论语》中说"敬鬼神而远之""未能事人，焉能事鬼""子不语：怪、力、乱、神"，与神本主义相比，《论语》明显地采取了人本主义的观念，更重视人本身、人的现实生活。中国人没有严格意义上的宗教信仰即来源于此。当然，道教是地地道道的中国本土宗教，从印度传入、经过中国人改革的佛教也在中国有一定的影响力，但二者终究都是少数人的信仰。尽管有的人把儒家称作儒教，但儒家本质上是一种关于人生处世、道德修养的思想学说，它更关注现世人生，与关注来世、相信超现实神灵的宗教是不能等量齐观的。

追求稳定也是中国传统文化比较突出的特点，这同样是农耕生活的反映。大自然一年四季，循环往复。各种自然灾害对人们的生活有很大的影响；如不按时播种、收获，生活也会陷于困境、绝境。所以，千百年来，人们一直希望风调雨顺，生活环境稳定祥和。同样，国家和政府如果不能顺应民意，胡作非为，就会引起农民的抗争，进而导致社会的混乱，严重影响农业生产。中国几千年的封建社会，有统一有分裂，但追求统一始终是大多数人的共同愿望，分裂是不得人心的历史逆流，所以统一的时间远远长于分裂的时间。

由于传统社会的人们长期居住在一个地方，个人与个人、个人与家庭、个人与社会以及个人与地域环境的关系都是相对稳定的。所以，故友难分、故土难离、落叶归根的乡土、乡亲观念在中国人的心目中根深蒂固，很多人离开故乡几十年了，也忘不了故乡的亲朋、故乡的山水，很多海外华人华侨也要求去世后把骨灰迁回故里。在乡土、乡亲观念的影响下，中国人形成了互敬、互助、重情、讲义气的道德风尚。

因为注重实际，追求稳定，使得相当多的中国人具有不尚空谈、安土重迁、安分守己、以和为贵等特点。

3. 注重群体，忽视个人

中国传统社会重视家庭、家族本位，集体和国家也是扩大了的家庭，个人要为家庭承担责任，要为集体和国家服务。这就造就了中国

第一讲 导论

人的群体价值观，个人不能超越群体，在个人利益与群体利益冲突的情况下，要放弃个人的利益；在个人意见与群体意见不一致的时候，要服从群体意见。这就是中国人耳熟能详的"个人服从集体，少数服从多数"的原则。

这种注重群体的观念无疑有助于维护社会的团结与和谐，有助于社会的稳定。但是，由于过分地强调群体的重要，使得个人的利益和价值无形中就被忽视了，得不到保护和尊重，这有时大大地打击了个人的积极性，不利于群体和国家的发展。上边说的中国人创造性偏弱，与此有较大的关系；外国人对中国人有千人一面、缺乏个性的印象与此也有关系。

4. 注重等级和权威

建立在宗法关系基础之上的中国社会，非常重视社会中的等级。作为主流的儒家思想就非常强调等级秩序，儒家提倡"君君、臣臣、父父、子子"（君主要有君主的样子，臣子要有臣子的样子，父亲要有父亲的样子，儿子要有儿子的样子），还规定了"君为臣纲、父为子纲、夫为妻纲"的"三纲"观点。"三纲"的观点建立了基本的人间秩序，"君为臣纲"是社会关系的秩序，"夫为妻纲"是男女家庭关系的秩序，"父为子纲"是父子血缘关系的秩序。

权威主义与等级秩序相伴而生。权威是家庭、社会、国家的主导者，普通人必须尊重、服从权威，不得冒犯他们的威严，否则就是犯上作乱、大逆不道，会受到道德的惩罚，严重的会受到刑律的处罚。在这样的社会等级安排下，天长日久，普通人渐渐地就失去了独立意识，把接受权威的安排当作行为习惯。长此以往，个人就会变得唯唯诺诺，个性自由和精神解放就成了空中楼阁，社会也会因此变得没有生气。

三、中国当代文化的特征

中国传统文化的特征一直影响着中国人的价值观念、行为方式、思维习惯等,在当代中国社会也依旧发挥着无可替代的作用。

进入近现代社会以来,尤其是 20 世纪 70 年代末、80 年代初改革开放以来,随着中西方文化交流的不断深入和中国经济、社会的大踏步发展,中国的经济基础和社会结构发生了巨大的变化,中国文化也与时俱进地发生了重大而又深刻的改变。

整体上说,当代中国文化包含着三个方面的因素:中国传统文化、西方文化、中国特色社会主义文化。本教材着重介绍其中跟交际有关的以价值观为中心的内容。

1. 中国传统文化

传统文化没有时间性,它是泛时的。它初步形成于过去,作用于现在,指向并昭示着未来。它在发展过程中不断摄取新的元素。它是一个民族的根,是一个民族与另一个民族之间的最重要的区别性特征。这就是传统文化的价值和生命力所在。

传统文化往往是一体两面的,我们不能简单地加以肯定或否定,而是要不断地对其进行扬弃:肯定其应该肯定的方面,否定其应该否定的方面,最终将其中积极的一面发扬光大。

第一,注重伦理道德。注重家族成员之间的感情和关系,互相关心、互相帮助,并把它扩展到社会关系上,这一点无疑是值得发扬光大的。前面提到的"八德",剔除其封建的糟粕后,对当代社会仍然具有很高的借鉴价值。现在中国面向中小学生进行"新八德"(立志、孝亲、尊师、友学、谨行、诚信、仁爱、守法)的道德品质教育,就是对它的继承和发展。

第二,注重实际,追求稳定。一切从实际出发,不追空弄虚、好高骛远,追求实实在在的稳定的工作与生活,这一点同样有助于社会的稳定和发展。社会的稳定是一切发展的前提。

第三,注重群体。做事情要考虑别人,考虑集体,对社会的稳定和发展具有很大的益处,也是当代社会急需的精神。随着社会的不断发展,个人主义的消极方面有所膨胀,很多人眼里只有自己,一切以自己方便为准,有时甚至不惜牺牲别人的利益,这与传统文化所倡导的集体主义精神是背道而驰的。

第四,注重等级和权威。等级是由于经济地位、政治地位和社会地位的不同自然而然形成的客观存在,真正的权威是经过实践和时间的考验而产生的,从国家到各行各业,权威的存在具有非常重要的作用,权威是引领社会和事业向前发展的领头羊和火车头。

2. 西方文化

西方文化与以中国为代表的东方文化具有明显的不同,但其中有许多有价值的元素,例如法治、科学意识、个性自由、民主和平等意识等,都已被我们吸收和借鉴。

第一,法治。中国传统社会很大程度上是一个建立在道德基础上的人治社会。进入现代社会以来,人们越来越意识到法治的重要性。当代中国经济已经进入市场经济阶段,而市场经济实质上就是法治经济。没有法治,整个社会各个方面就无法有效、有序地运转。

第二,科学意识。社会的发展离不开科学技术的发展,科学技术是第一生产力已成共识,一切政策、计划的制定都要建立在科学的基础之上,而不能只依靠经验和领导者的个人意志;要传播科学知识,拒绝封建迷信。

第三,个性自由。中国文化重视群体,但社会若要更健康、更有活力,就必须尊重个性自由,给个人创造充分发展的空间。建立在尊重个性自由基础上的群体主义将会使社会发展获得更为强劲的动力。

第四,民主和平等意识。人民有参与国事、自由发表意见的权利。国家就好比是一个大家庭,在这个大家庭里,每个人都有发表自己的意见、提出自己的建议的权利,国家的命运与每个人都息息相关。只有使人民真正意识到自己是国家的主人,国家和社会才能步入一个良性发展的轨道,并得到国际社会和其他国家人民的广泛尊重和平等对待。

3. 中国特色社会主义文化

中国特色社会主义文化的核心价值观可以以"富强、民主、文明、和谐、自由、平等、公正、法治、爱国、敬业、诚信、友善"这十二个词来高度概括。这十二个词可以分为三个层面,第一层面(国家层面):富强、民主、文明、和谐;第二层面(社会层面):自由、平等、公正、法治;第三层面(个人层面):爱国、敬业、诚信、友善。

何兹全(2004:3)说:"中国文化未来的前途是乐观的,因为未来世界应是一个一体化的世界、和平的世界、大同的世界,而这个方向与中国文化的特质相符合。"中国文化将会对世界文化的发展做出自己应有的积极的贡献。

■ 跨文化交际

一、定义与特征

1. 定义

国际上公认的跨文化交际学的鼻祖是美国人类学家爱德华·T.

霍尔。1959年,他在《无声的语言》(*The Silent Language*)中首次使用了 intercultural communication 和 cross-cultural communication 这两个术语。因为与英语单词 communication 对应的汉语词语很多,理解的角度有差异,这门学科就有了"跨文化交际""跨文化交流""跨文化交往""跨文化沟通""跨文化传播""跨文化传通"等译法,其中以"跨文化交际"最为普遍。

跨文化交际涉及面很广,可以从人类学、文化学、传播学、社会心理学、语言学、交际学、民俗学等不同学科进行研究。本书内容主要涉及文化对比、语言与非语言交际、风俗习惯、社会心理等方面。

所谓跨文化交际,指的是来自不同文化背景的人之间的交际(毕继万,2009b:8),即不同文化背景的人走到一起分享思想、感情和信息时所发生的一切。来自不同文化背景的人可能是不同国家的人,也可能是同一国家不同民族的人。但跨文化交际这一术语一般是指不同国家的人之间的交际。本书侧重于中国与来自其他国家的人之间的交际。

2. 特征

跨文化交际与同文化交际不同。同文化交际是发生在同一个文化圈(种族、民族、同语言文化群体)内的具有相同或相似文化背景的人之间的交际。同文化交际产生的摩擦主要不是由文化的不同引起的,而是在同一文化背景下,由于立场、观点、角度等的不同造成的。而跨文化交际则是异文化交际,异文化交际产生摩擦的主要原因是文化的不同。

跨文化交际主要面对的是交际与文化的关系。来自不同国家的人处于同一个跨文化语境之中进行交际时,由于价值观念、思维方式、风俗习惯、交际规则等的不同,极易导致交际误解、信息羡余或不足等。如西方人认为个人年龄属于隐私范畴,问别人年龄在他们看来是不礼貌的行为;而中国人并不认为个人年龄属于隐私,问别人年龄在中国人看来是对别人的一种关心、友善。正因为如此,双方交际时就很容易发生文化冲突,进而导致交际失败。跨文化交际研究所要解决的,就是跨文化交际过程中的文化误解和文化冲突,以保证跨文化交际正确、得体、高效地进行。

二、跨文化交际意识发展的四个阶段

第一,走马观花。从自己所属文化的立场出发观察别的文化,看到的往往是表面的互不联系的文化现象。对异于自己所属文化的现象或是觉得新奇、有意思,或是不以为然,并以自己的文化为标准轻率地下结论。去国外浮光掠影地旅游了十天半个月回来的旅游者大都属于这个层次。

第二,文化休克。去国外生活、工作较长时间(三个月以上)的人一般都会经历这一个阶段。对异文化的新奇感消失之后,他们就逐渐地进入了异文化的生活和工作节奏,因为与自己所熟悉的本国文化不一样,他们会遇到很多不顺心的事情,产生焦虑和不安。如果不能得到有效的帮助和指导,他们可能会对新文化、新环境产生诸多的不适应和心理抵触,严重的甚至产生对抗,以至于采取逃避的态度。

第三,理性分析和愿意适应。随着对异文化和新环境的了解的增多、交际面的扩大,进入异文化环境的人渐渐开始冷静地比较、分析异文化与自己所属文化的差异,开始主动了解所处的文化环境,并产生适应异文化的良好愿望。

第四,主动理解和自觉适应。在前一阶段的基础上,进入异文化环境的人开始超越表面的对异文化的泛泛了解,开始深入文化现象内部,发现决定这些文化现象的深层次原因,逐渐理解异文化与自己所属文化的差异,并从心理和理智上承认和接受这种差异。到了这个阶段,就初步达到了文化适应的水平。

随着时间的推移和交往的深入,很多人会达到融入异文化的水平,能在异文化圈内游刃有余地处理几乎所有的事情。我们常说的"中国通"基本上就到达了这个阶段。

三、学习跨文化交际课程的目的

1. 培养跨文化交际能力

跨文化交际能力指的是"跨文化交际环境中的交际能力"(毕继万,2009b:17)。即在跨文化交际语境中,交际者能够得体(识别不同文化之间的差异)、有效(排除干扰,达到交际目的)地进行交际。而本书所说的跨文化交际能力,主要指在外国学生用汉语与中国人进行交际时,能够识别母国文化与中国文化的差异,并且能遵照中国的文化习惯,适时地调整自己的策略,完成与中国人之间的交际的能力。如遇到中国人问"在哪儿工作?""今年多大了?"等问题时,能够清楚地了解这是中国人重视人情关系的一种表现,并不是对个人隐私感兴趣。

2. 树立跨文化交际意识

跨文化交际意识指的是理解、接受不同文化之间差异的意识。如果说跨文化交际能力侧重于"了解"的话,跨文化交际意识则侧重于"理解"。前者属于知识层面,后者侧重于在获得知识的基础上所持有的态度。主要包括:第一,尊重交际对方的文化(社会价值观、思维方式、行为方式、社会习俗等),拥有宽广的胸怀。对交际对方与自己本国文化的差异能够给予充分的理解和尊重,并在心理上接受这种差异，能客观、公正、中立地看待自己国家的文化与其他国家的文化的差异。文化本身没有优劣之分，任何文化都是一体两面的，优点和缺点共存。跨文化交际过程中，应该以包容之心来对待这种优点和缺点，对与自己国家文化不同的方面或自己不喜欢的方面切不可采取全盘否定、一笔抹杀的态度。第二，避免跨文化交际意识的"三大顽疾"：文化优越感、文化模式化、文化偏见。由于我们每个人都是属于某一文化圈的"文化人"，自己所属文化圈的文化对自己的影响根深蒂固，并作为一种深层积淀潜存于我们的大脑中。所以，当我们在面对属于其他文化圈的"文化人"时，常常会无意识地以自己的文化为评价标准去衡量他们所属的文化。如西方人初次到中国人家里做客时，主人接受礼物后常常不是马上打开看看，而是表示感谢后先放到一边；而西方的习惯一般是马上打开，并加以称赞。西方人如果对中国的礼仪习惯不甚理解，可能会认为主人看不上他们带来的礼物、中国人虚伪等。通过对比，站在西方人的立场上，他们可能就觉得西方人的习惯好、中国人的习惯不好，进而产生西方文化优于中国文化的想法。后来，他们可能又会看到，中国男人在公共场合不怎么照顾女性、不主动为女性开车门、很少主动给女性让座等，没有"女士优先"的礼节。这时候，他们就可能对此加以模式化：中国人接受别人的礼物时、对待女性时都没有礼貌。如果他们这一判断得不到及时的纠正，就很容易导致"中国人没有礼貌"这种扩大化的偏见的产生。一旦对他国人的认识形成模式和偏见，倘若再有政治、历史等因素的掺入，那么互相之间就极易产生隔阂。在以后的岁月中，人们可能就会自觉不自觉地过滤甚至无视其他国家文化中好的方面，而保留下能够支持自己偏见的"证据"，并因此而对自己的偏见更加深信不疑，进而导致文化歧视。

《中国文化与跨文化交际》的目的就在于帮助培养建立跨文化交际意识。

3. 加深对本国文化的理解

一般说来,作为某一文化圈中的"文化人"对自己所属的文化都会有比较多的感性认识,但除了对此比较有研究或有浓厚兴趣的人以外,多数人对本国文化大都还是停留在感性认识阶段。"感觉到了的东西,我们不能立刻理解它,只有理解了的东西才更深刻地感觉它。"(毛泽东《实践论》)爱德华·T. 霍尔说:"对于任何人来说,单是掌握自己本国的文化已经是个了不起的成就了。了解自己最有效的方法就是认真重视别人的文化。"(转引自潘一禾,2011:147)由此可见,要了解并且理解自己国家的文化也并不是一件简单的事情,而学习别国文化,也可以加深对本国文化的理解。

通过本书的学习,一方面要了解、理解中国文化;另一方面,通过中国文化与母国文化的对比,可以从对母国文化的感性认识上升到理性认识,进一步全面而又深入地了解、理解自己的母国文化。这样会更加有助于跨文化交际能力的获得和跨文化交际意识的形成。

【作业】

介绍自己的国家的文明类型,并介绍自己国家文化的主要特征。

【扩展学习线索】

毕继万 《跨文化交际与第二语言教学》,北京语言大学出版社,2009,7—34。

樊葳葳、陈俊森、钟 华编 《外国文化与跨文化交际》(第2版),华中科技大学出版社,2008,10—104。

何兹全 《中国文化六讲》，河南人民出版社，2004，1—29、55—81。

李　军、朱筱新编著　《中西文化比较》，中国人民大学出版社，2011，7—34。

吴为善、严慧仙　《跨文化交际概论》，商务印书馆，2009，21—30。

张岱年、方克立主编　《中国文化概论》（修订版），北京师范大学出版社，2015，1—56、265—326。

祖晓梅 《跨文化交际》，外语教学与研究出版社，2015，1—49。

【跨文化交际知识窗[①]】

文化维度理论

文化维度理论是荷兰心理学家吉尔特·霍夫斯泰德（Geert Hofstede）提出的，它是用来衡量不同国家文化差异的一个框架。他将不同文化间的差异归纳为五个基本的文化价值观维度：

个人/集体　主要看某一社会总体是关注个人利益还是关注集体利益。

权力距离　主要看在一个国家的机构和组织中，弱势成员对于权力在社会或组织中不平等分配的接受程度。

阳刚/阴柔　主要看某一社会代表阳刚的品质（如竞争、果断、坚韧、重视物质成就）更多，还是代表阴柔的品质（如谦逊、温和、重视生活质量）更多，以及对男性和女性职能的界定。

[①] 本书"跨文化交际知识窗"内容参考各讲"扩展学习线索"中的论著及网络资料编写。

第一讲　导论

不确定性规避　主要看一个社会受到不确定的事件和非常规的环境威胁时,是否通过正式的渠道来避免和控制不确定性。

长期/短期取向　主要看属于某一文化中的成员对其物质、情感、社会需求满足的延迟所能接受的程度。

这一理论反映出不同国家在不同的文化背景下的价值观,对于人们更好地理解和把握不同国家的文化差异、跨越文化障碍、提升人们的跨文化交际水平有积极的促进作用。

第二讲

各国人的特点

【跨文化问题导入】

- 你们知道中国人有哪些比较有代表性的特点吗?
- 你们能感受到中国不同地区(如北方和南方、北京与上海)的人们的特点吗?
- 你们国家的人都有哪些与中国人不一样的突出特点?
- 你们能大概地解释一下自己国家的人有某种突出的特点的原因吗?
- 国家(民族)与国家(民族)之间有不同的特点,是由什么因素决定的?

【文化专题】

■ 各国人的特点与文化的关系

一、对各国人的特点的认定

当谈及某国国民的特点时,许多人根据自己的印象都能说出几条来。譬如说,中国人性情温和、宽容,重视人情关系,好面子;美国人自由开放,个性张扬,崇尚冒险;德国人意志顽强、严谨、认真,富于

第二讲　各国人的特点

理性;英国人有绅士风度,刻板;法国人浪漫、多情;俄罗斯人勇敢、顽强,情绪急躁,易走极端;巴西人热情、奔放,天性自由;日本人精细,注重礼节,不愿给人添麻烦;韩国人好胜心强,性子急;泰国人和善,爱微笑……但是,当你真正接触到某一国家的人时,有时又会发现并不尽然,比如生活中我们也会遇到做事马马虎虎的日本人。这是否就意味着我们对某国人的判断只是想当然或是道听途说,实际上没有多少道理呢?

社会心理学家沙莲香(2012:3)指出:"民族性格是代表民族特点的,所以,它又是一个民族多数成员共有的反复出现的心理特质和心理特点之总和,是人格的综合体。这里的'多数'有两个意思。一是指基本完成社会化的成年人,二是指以广大民众为主体的全体成年人。"诚然,当一个国家或民族的多数成员在一定的情况下反复地并且常常是无意识地表现出某种倾向或特点时,或者说虽然没有行为表现,但多数人认可某种观念和价值理念时,我们就可以说这个国家或民族的人具有某一特点。从统计学上说,倘若对某一特点认同的比例达到了成员总数的50%以上(越多越好),我们就大致可以说这个国家或民族的人具有某一特点。也有人认为,只要一个国家或民族三分之一左右的代表性人群经常性地表现出某一特点来,我们就基本可以认定这个国家或民族的人具有这一特点。还有人说,一个国家或民族的文化特征往往是在某种特定的典型人群身上或特定的典型时刻才能得到明显的表现。这些说法都是比较切合实际的。

总而言之,我们对某国人的特点的认定总是难以避免"以偏概全",因为不可能某一特点在某一国家的所有成员身上都能体现出来,或者说某一特点会被某一国家的所有成员认可。只要某一特点被某国多数人认可,我们就大致可以说这一国家的人具有这一特点。

来自不同文化背景的人们之间的差异有的确实很大,但并不是本质的差别,只有量的差别。按照模糊学的表示法,在表示模糊度的横轴上,最大值1和最小值0是两个极端,它们的差别固然很大,但只是理论上存在,现实中基本不可能出现。以群体主义和个人主义这一互相对立的文化特征为例,群体主义为1,个人主义为0,我们不可能在中国文化环境中找到一个只有群体主义观念而没有个人主义观念的人,也不可能在西方文化环境中找到一个只有个人主义观念而没有群体主义观念的人。以横轴上的0.5为分界线,0.5以上的群体主义特征更为明显,0.5以下的个人主义特征更为明显。可以说所有的人都处在0.9—0.1这个区间,而且绝大多数的人会处在0.7—0.3这个区间。我们至多可以说,中国人在0.7—0.5这个区间的多一些,也就是群体主义的程度大一些,个人主义的程度小一些;美国人在0.5—0.3这个区间的多一些,也就是个人主义的程度大一些,群体主义的程度小一些。

　　在强调文化之间的差别时,不要忘了不同"文化人"也会有共同的人性、共同认可的价值观、共同的思维方式等,这决定了人类有很多共同或共通的表现。

二、各国人的特点与文化的关系

　　各国国民的特点与文化的关系是密不可分的。可以这样说,在很大程度上,文化决定了一国国民的特点,一国国民的特点就是一国文化的直接或间接的反映。语言学家、文化学者许嘉璐指出:"文化是最底层的,是生活中人人都要用的东西。"(引自刘梦羽,2011)罗伯特·路威(2012)说:"某些事情,因为我们做了某一群体的分子,我们便非做不可,这就是文化。"通过这种由"生活中人人都要用的"文化

第二讲　各国人的特点

所决定的"非做不可"的行为就能充分地表现出一国国民的特点来。比如说中国人做事不爱走极端的特点,与中国儒家文化的"中庸之道"有密切的关系;德国人富于理性的特点,与德国具有深厚的哲学文化传统不无关系。

■ 中国人的特点

中国人的特点,说起来多样而又复杂,甚至有的还互相矛盾。为了能全面而又恰当地说明中国人的特点,我们把一些认可度相对比较高的特点汇总如下:

1. 尚礼节

中国自古以来就有"礼仪之邦"的美誉。根据双方的关系、地位和年龄的差异应有不同的礼节。比如中国人不能直接称呼自己的父母、长辈、领导的名字,否则就会被视为没有教养;正式请客时,根据客人的重要程度、地位安排座位等。

2. 爱勤俭

中国人崇尚勤俭、节约,以铺张浪费为耻。美国福布斯公布的2015年世界五百强企业榜单中,前四名都是中国的银行(中国工商银行、中国建设银行、中国农业银行、中国银行),可见,中国的储蓄率是相对较高的。很多家庭的主要理财方式就是把钱存到银行,以备不时之需。在日常生活中,多数家庭也是量入为出,根据每个月的收入情况精打细算地过日子,绝不寅吃卯粮,不乱花钱。

3. 善忍耐,有韧性

中国人常说的"小不忍则乱大谋""能受气,方成器",强调的就是为了长远的打算和目标,忍受一时的委屈或不公。中国人一旦认定了自己的目标,就会一直努力,不怕困难,这表现了中国人的韧性和坚持。

4. 知足常乐，豁达宽容

中国人常说"人生在世，不如意者十之八九"，因此，中国人主张得不到的不要强求，退一步海阔天空，尽量少自寻烦恼。所以，我们可以看到，很多人生活磕磕绊绊，但依然保持乐观、豁达、宽容的生活态度。

5. 实用，务实

中国人更多地相信能够带来看得见的实实在在的利益的事物。一个比较突出的表现就是，中国历史上的发明创造和传统学科，如四大发明（指南针、火药、印刷术、造纸术）、中医、天文学、经学等，无不是与人们的生活密切相关的实用学问、技术。中国人多注重一些实用性的学科，对抽象的纯理论兴趣淡然，这与中国几千年来一直处于农耕社会大有关系。

6. 讲忠孝

中国人爱国主义观念很强，忠于国家，任何背叛和出卖国家的行为都会为人所不齿。而在家族里，讲究孝敬长辈，尊重年龄比自己大的人，愿意倾听长辈们的人生教诲；不会对长辈们出言不逊或做出出格的行为。

7. 重群体

中国人就像生活在一个大家庭里，在这个大家庭里，大家为了群体的共同目标而努力工作，只有群体好了，个体才能好。当群体的利益与个人的利益发生矛盾时，为了顾全大局，个人的利益常常会被忽视甚至牺牲。

8. 家庭责任心较强

中国人认为，男女双方结合、建立一个家庭不仅仅是两个当事人的事，也是两个家庭的事，每个人都应对两个家庭负责。因此，中国人一般不轻言离婚。孩子生下来以后，不但要养育他，而且要把他培养成为社会需要的有用之人。作为父母，即便是自己的孩子成家立业了，也会常常教导、关心、帮助他们。

9. 讲人情，看关系

中国社会被称为人情社会，亲戚、朋友、师生、同学、同事、同乡等之间的感情都是中国人非常看重的人之常情。中国人常说的人情味就体现在生活和工作时的互相关心、互相帮助中。平时中国人会通过各种方式来维持相互间的感情；也很注重通过各种渠道建立各种关系，中国人对人际关系的重视程度比大多数国家都高一些。

10. 好面子

好面子是中国人最为明显的特征之一，在很多方面均有表现。比如，中国人常有的想法是，我并不比别人差，别人能做到的，我也力争做到；别人有的，我也要有。在众目睽睽之下不挑别人的毛病。结婚的女人在自己同性朋友面前夸自己的丈夫和孩子。请客吃饭时多点菜，不能吃得一点儿不剩。

11. 喜委婉

中国人好面子，所以说话讲究委婉，尤其是在批评对方或与对方有不同看法的时候，喜欢尽量婉转地表达，减轻说话的力度，不轻易说"不"，以免伤害对方的面子，让对方下不了台。

12. 惯将就

中国人习惯将就，生活中常说"差不多"。不太守时也是这方面的一个表现。中国人在工作中经常会遇到正式开会的时间常常比通知的时间延迟一些的现象，因为经常有人会迟到。中国人制订计划，也多从宏观上把握，细节一般留待后期操作时看具体情况。

13. 等级与权威意识较浓厚

受儒家思想影响,中国人等级和权威意识较浓厚,长者为尊,敬畏权力,服从权威。很多的大学生毕业时选择考公务员;工作之后,也以拥有一官半职(校长、董事长、厂长等)为荣,这样不仅可以更充分地发挥自己的才能,还可以在同行、同学等面前赢得更多尊重。

14. 公德心不够强

中国现在仍然存在不遵守交通规则、乱扔垃圾、公共场所大声喧哗、插队、走后门等现象,这些都是公德心不强的表现。

15. 信仰宗教的人不多

中国本土宗教只有道教,基督教、佛教、伊斯兰教等都由外传入,儒家只是一个思想流派,不能算是宗教。有一些中国人信仰佛教,很多地方都建有寺庙。逢年过节或有人生大事的时候,许多中国人会去庙里烧香拜佛许愿,祈求上天赐福。

【跨文化交际提示】

- 中国人请客吃饭,花钱不多,又有面子,对他来说是两全其美的好事。
- "马上""很快",有可能是半个小时,有可能是一个小时,甚至是更长的时间。倘若需要精确,一定要与对方明确具体时间。
- 表达不满、意见、不同看法时,一定要注意表达方式,不可直来直去。
- 中国人工作中的忍受力会让你吃惊。在佩服他们忍受力的同时,可以提醒他们适当地释放自己,减轻压力。与中国人一起工作,你大可放心,因为他们有足够的韧性保证任务的

第二讲　各国人的特点

顺利完成。
- 中国人对人,尤其是对外国人非常宽容。假如你做了对他们不利的事,说一声"对不起",他们一般都会原谅你。而且,中国人大多比较乐观,不会把一些消极的情绪传染给你。
- 当看到某些中国人不守公德时,你可以善意提醒。
- 中国人重视家庭,与中国人交朋友,若关心他们的家人,他们会非常感激并在乎你。
- 中国人具有比较强的家庭责任感。父母认为不管孩子多大,永远是他们的孩子,他们会永远关心、照顾自己的儿子、女儿,甚至孙子、孙女。
- 中国人相信好人有好报。
- 比起华而不实的大道理,实实在在的帮助更能打动中国人的心。

【常用熟语举例】

- 成由勤俭败由奢/艰苦朴素/节衣缩食/勤俭持家/勤能补拙/省吃俭用/一家之计在于和,一生之计在于勤(**勤俭**)
- 不屈不挠/吃苦耐劳/废寝忘食/含辛茹苦/坚韧不拔/雷打不动/能受气,方成器/忍辱负重/忍痛割爱/忍一时,风平浪静;退一步,海阔天空/士可杀不可辱/头悬梁,锥刺股/小不忍则乱大谋/一分耕耘,一分收获/愚公移山/只要功夫深,铁杵磨成针(**忍耐、韧性**)
- 不以物喜,不以己悲/该吃吃,该睡睡/前途光明,道路曲折/是福不是祸,是祸躲不过/心底无私天地宽/赢得起,输得起/知足者常乐/走自己的路,让别人说去(**乐观**)

- 大肚(度)能容,容天下难容之事/得放手时须放手,得饶人处且饶人/海纳百川,有容乃大/己所不欲,勿施于人/宽宏大量/相逢一笑泯恩仇/心胸宽广/严于律己,宽以待人/一笑置之/宰相肚里能撑船(**宽容**)
- 不管白猫黑猫,抓住老鼠就是好猫/不慕虚名/耳听为虚,眼见为实/脚踏实地/量力而行/名副其实/明人不做暗事,真人不说假话/人贵有自知之明/实话实说/实事求是/踏踏实实/一步一个脚印/有一说一,有二说二(**实用、务实**)
- 百善孝为先/父慈子孝/父母在不远游,游必有方/家贫出孝子/家有一老,如有一宝/老吾老以及人之老,幼吾幼以及人之幼/谁言寸草心,报得三春晖/卧冰求鲤/养老送终/尊老爱幼(**孝**)
- 成家立业/传宗接代/家和万事兴/家家有本难念的经/上有老,下有小(**家庭责任心**)
- 点到为止/话不要说破/话到嘴边留一半/锣鼓听音,听话听声/旁敲侧击/弦外之音/一语双关/意在言外/只可意会,不可言传(**委婉**)
- 八九不离十/得过且过/敷衍了事/马马虎虎/做一天和尚,撞一天钟(**将就**)
- 安分守己/按部就班/秉公执法/大公无私/公序良俗/国有国法,家有家规/没有规矩,无以成方圆/天网恢恢,疏而不漏/王子犯法与庶民同罪/循规蹈矩/与人方便,自己方便/照章办事/遵纪守法/不敢越雷池一步/陈规陋习/无法无天(**公德心;规则、法治**)

第二讲　各国人的特点

- 救人一命,胜造七级浮屠/老天保佑/平时不烧香,急来抱佛脚/烧香拜佛/信则有(灵),不信则无(不灵)/因果报应(**宗教信仰**)

【外国学生谈】

美国人的特点

美国　周泽希

首先,美国人重视"个人"。美国人很少使用公共交通工具(许多城市都没有公共交通方式),宁愿每天在堵塞的路上开车上下班,也不坐地铁或公交车。美国人情愿买离工作地点或市内很远的房子,也要尽量避免与他人为邻。

其次,美国人怕得罪人。我们很少与不熟悉的人谈论政治、宗教、经济、性别、种族等话题,而且当我们谈这些话题时都确认自己的措辞足够委婉,以免被怀疑为种族歧视、宗教歧视、性别歧视等,惹上不必要的麻烦。这被美国人称为"正确的政治观"。

再次,美国人的理想生活是自由和独立的。在美国,"自由"与"独立"特别明显。我们从14岁或15岁就开始打工。不少高中生觉得能用自己赚的钱买东西非常重要。美国人鄙视还在依靠父母的钱生活的年轻人。

德国人的特点

德国　艾咪

谈及德国人的特点,很突出的一点是人们有很强的时间观念。无论是去吃饭,还是参加商务会议,非常重要的是准时到达。

工作时,一个典型的特点就是人们追求计划性和精确度。会议之前总是要计划好会议日程，如果没有谈完一件事情就不会谈下一件事情。德国以汽车、机械产品为代表的制造业以精密著称于世。

德国人的法治观念、规则意识很强。以过马路为例，无论路上有车还是没车，绿灯变成红灯以后，人们是不会过马路的。

德国人认为个人比集体重要得多。这个特点能从生活的方方面面看出来。德国人家庭责任心比中国人弱。子女在父母老了以后，一般把他们送到养老院，以便享受自己的生活。人们常常认为家庭是一种负担，自己的幸福是最重要的。

德国最大、最有名的宗教就是基督教。当今，在德国70％的人是基督徒。圣诞节或复活节的时候，大部分德国人去教堂庆祝这些基督教的最重要的节日，而真正的基督徒每个周日都去教堂参加礼拜。

乌克兰人的特点

乌克兰　娜斯佳

乌克兰人的第一个特点是很好客。即使钱不怎么多，他们也会请客，因为他们很喜欢玩。第二个特点是怀疑。他们不相信陌生人，更不相信广告，所以广告活动常常没有什么明显的效果。第三个特点是许多乌克兰人不太守时，特别是女性，她们上班、开会、参加晚会等常常迟到。但是大家都习惯了，所以一般也不会很计较。第四个特点是忌妒。很多人不去努力实现自己的目标，别人取得了成功，他们反而忌妒别人。第五个特点是冷淡。如果你在马路上问路，可能人们会回答得比较冷淡。还有乌克兰人喜欢自由，避免麻烦。如果你让他们做什么事，他们可能会应付你。

第二讲　各国人的特点

韩国人的特点

韩国　任晟媛

韩国人大家庭意识很强。当国家遇到困难或值得高兴的事情时,我们会充分发挥这种团结意识。如 1997 年亚洲金融危机和 2002 年世界杯时韩国人的表现。

韩国人很重视"礼"和"孝"。我们在说话时会使用"敬语",敬语不仅在词汇上有表现,在语法上也有系统完整的表现形式。年轻人对父母或长辈不孝的话,会被人看不起,会受到舆论的谴责。

韩国人比较聪明能干。据统计,在世界各种数学比赛上获奖的人很多。韩国 20 世纪 50 年代前还是一个非常贫穷的国家,但经过 30 多年的奋斗,韩国的经济水平已经进入了发达国家的行列。

韩国人有忍耐性。虽然发生了很多战争,但是韩国人的这种忍耐性使我们国家更快地成长、发展起来。

在民族团结意识下,韩国人往往容易以自己的国家为中心,以自己的城市为中心,以自己的家庭为中心,甚至以自我为中心。这种心理导致了个人主义的出现。

韩国人有过度消费的文化。比如我们比较重视外貌,甚至影响到就业,有很多人为了在就业竞争中获得胜利花很多钱做整容手术。

很多韩国人性子很急。在韩国,人们常常听到韩国人督促别人的时候说的话语:"빨리!빨리!"(快！快！)

泰国人的特点

泰国　雷震霆

泰国在世界上素有"微笑之国"的美称。泰国人性格温和谦虚,包容忍让,对人善良友好。外国人到泰国旅游会发现泰国人很热情,乐于助人。泰国人见面时会行合十礼，行礼的时候把头低下，双掌合十，相互问候"萨瓦迪"（你好）。交谈时泰国人习惯低声细语。在泰国人看来，跟别人打交道时面无表情、愁眉苦脸，或是高声喧哗、大喊大叫，都是非常失礼的。

泰国人有一颗热爱国王之心。来到泰国的游客会不太明白，为什么泰国人那么热爱国王。泰国人特别尊崇国王，特别是曼谷王朝第九世国王普密蓬。普密蓬国王多才多艺，他为人民生活的改善和国家的发展做出了杰出贡献。国王在泰国人心目中是至高无上的，家里都挂着国王的肖像。大型宴会或在看电影之前，会播放歌颂国王的歌曲，人们要起立表示敬意。

泰国人有很多忌讳。泰国人认为脚是人体最脏脏的部位，而头是人体最圣洁的地方，所以不应该把脚伸向别人或摸别人的头，而且不应该把东西从别人的头上扔过去。泰国人睡觉时不能头朝西，因为日落西方象征死亡。在泰国参观佛寺，除了进门前要脱鞋之外，还要摘下帽子和墨镜。在佛寺之内，切勿高声喧哗，随意拍照。妇女接触僧侣也是被禁止的行为。

尊敬老人、爱护儿童、对父母孝顺是泰国人的优良传统，这与中国文化相同。

泰国人非常注重人情关系，这一点也体现在称呼上。在日常生活中，年轻人对上一辈的非亲属的熟人或陌生人一般使用亲属称谓，像"奶奶""伯伯""叔叔""阿姨"等。这反映了人们非常重视亲情、友情，通常把熟悉或陌生的人当作家人来看待。

【作业】

通过与中国或别的国家比较，全面介绍你们国家人们的主要特点。

第二讲 各国人的特点

【扩展学习线索】

［美］阿瑟·亨德森·史密斯 《中国人的性格》，姚锦镕译，中国华侨出版社，2011。

樊葳葳、陈俊森、钟 华编 《外国文化与跨文化交际》（第2版），华中科技大学出版社，2008，23—27、39—44、57—65、74—76。

费孝通 《美国人的性格》，华东师范大学出版社，2013。

蒯大申、祁 红 《中国人的民俗世界》，安徽文艺出版社，2009，139—188。

李亚晖 《影响中国人心理的100个观念》，青岛出版社，2014。

沙莲香 《中国民族性》（贰），中国人民大学出版社，2012。

石毓智 《中国人的逻辑》，江西教育出版社，2015。

余守斌 《中国人性格地图》，新世界出版社，2013。

卓新平 《中国人的宗教信仰》，中国社会科学出版社，2015。

【跨文化交际知识窗】

刻板印象与跨文化交际悖论

"刻板印象"这个术语是美国新闻记者沃尔特·李普曼（Walter Lippmann）首次使用的，是英文 stereotype 的翻译，也译为定型观念或定式观念。它的定义是：一个群体的成员对另一个群体成员的固定、刻板的看法。它作为一种先入为主的观念，广泛地存在于我们的意识中，并且常常不为我们所察觉。如我们常常说美国人开放、自由，法国人浪漫、多情，德国人严谨、理性，日本人精细、认真，韩国人性急、好胜，巴西人热情、奔放，等等。这些都是对某国人的几乎固定不变的看法。

刻板印象有五个特点：简单化、以偏概全、有影响力、顽固、可变。刻板印象可以分为自定型和他定型两类。群体对自己群体的看法为自定型，对其他群体的看法为他定型。在跨文化交际中，刻板印象指的是后者。

刻板印象中有符合事实的部分，也有与事实不相符合的部分。不符合事实的部分我们可以称之为偏见（或成见）。但刻板印象并不一定就是个负面的概念。在我们对别人还不太了解的时候，刻板印象只是我们用以进行初步认知的一种方法，能为我们认识事物提供简单方便的参考标准。

由于人们处理信息的能力有限、所见所闻有限，为了帮助来自不同文化的人们互相了解，就需要概括文化差异，建立某种定型的观念。也可以说，一定程度的定型是不可避免的。但是这些定型对于差异的过分概括或标签化又可能人为地制造屏障和隔阂，反而会妨碍不同文化间人们的理解和交际。这就是学界所说的"跨文化交际悖论"。人们虽然难以避免使用刻板印象，但应该充分地认识到它的"以偏概全"的特性，在具体的跨文化交际过程中，不断修正自己对其他群体的片面、模糊的认识，力求做到全面而又准确地把握自己的认识对象。

第三讲

人情与关系

【跨文化问题导入】

- 中国人亲朋好友之间喜欢串门,而且经常在家里请客,你们国家是这样吗?
- 假如同事的儿子结婚,请你去赴宴,你应该怎么办?
- 你不能喝很多酒,但在赴宴时,有很多人向你敬酒,这时你心里怎么想,应该怎么做?
- 你的亲人生病住进了某医院,你朋友的同学是这家医院的医生,你会托你的朋友跟这位医生联系吗?

【案例[①]】

邻里之间

小王和小赵刚结婚,要去外国度蜜月,大约需要10天的时间。新郎小王请邻居兼同事的小张帮忙照看一下家,并把新房的钥匙给了他一把,让他隔两天开一下窗户通通风,给阳台上的花浇浇水。小张痛快地答应了,说:"没问题!你们放心地度蜜月去吧。"10天后,

---

① 本书部分案例参考网络资料。

小王和小赵度完蜜月归来,给小张带了一份比较贵重的外国礼物表示感谢。小张很不好意思地接受了,并对小王说:"咱们谁跟谁啊?远亲不如近邻嘛!帮你看看家这点儿小事算得了什么啊?你们真见外!"

热情、好客的中国朋友

五年前,杰克作为英语外教在北京一所大学教过两年英语,期间与英语系的万教授建立了深厚的友谊,所以,杰克回国后也一直与万教授保持密切的联系。

今年暑假杰克到北京参加一个学术会议,顺便利用这个机会去看望万教授。临行前杰克发电子邮件告诉了万教授自己的行程(一天半会议、一天自由时间、第四天上午回国)、所乘航班和到达的时间、预订的宾馆,并告诉他不必去机场接,自己可以从机场直接打的去宾馆。

然而,出乎意料的是,当杰克从接机口出来的时候,发现万教授已经在那儿等着自己了!万教授一边跟杰克打招呼,一边迎上来,两人来了个大大的拥抱!然后,杰克就坐上了万教授的私家车。在车上,万教授告诉了杰克自己的安排:今天晚上去家里吃接风饭;明天全天、后天上午参加会议;后天下午自由活动,晚上六点与英语系师生见面,并参加晚宴;大后天学生驾车陪同游览,晚上参加万教授家的送行晚宴;第四天上午机场送行。万教授安排得太周到了!可以说是无微不至!杰克除了开会也没有什么特别的事情,所以表示完全服从安排。

在万教授家,杰克见到了万夫人和他们的儿子晓刚。万夫人亲自下厨,准备了一桌丰盛的晚宴:山珍海味、煎炸烹炒,足足有十个

第三讲　人情与关系

菜。在餐桌上，杰克和万教授共叙当年友情，畅谈近况发展，可以说是无话不谈。家宴结束后，万教授让晓刚开车把杰克送回了宾馆。

第三天晚上杰克参加了英语系在一家有名的饭店举办的晚宴，系主任、副主任、万教授及其他三位当年来往较多的老师、当年教过的班里的三位学生干部参加了这次晚宴。晚餐丰盛自不待言。席间欢声笑语不断，好客的各位老师、同学不断地向杰克敬酒，连以能喝啤酒著称的杰克也喝得有点儿晕了。宴会结束后，万教授出于担心，直接打的把杰克拉到他们家过了一夜。当天晚上，杰克因为呕吐给万教授全家添了不少麻烦，事后杰克觉得很不好意思。

第四天早上八点左右，杰克在万教授家吃过早饭后，几位当年的学生干部开着车把杰克接走了。他们按照杰克的意愿带他游览了几处名胜古迹（颐和园、故宫），大家玩得十分开心。午饭是学生请的客，吃的是全聚德的烤鸭。

当天晚上，万教授在家为杰克举办了送行晚宴，不用说，吃得很好。临走前，他们还给杰克准备了礼物（北京特产和一件小瓷器），另外还转交了英语系送给杰克的一幅中国画。杰克也把准备的一套法国化妆品和最新出版的英语词典送给了他们。

次日，按照约定的时间，万教授来宾馆接杰克去机场。在机场，万教授等着杰克办完行李托运手续，到安检口后才依依不舍地离开。

校友之间

小张是人力资源部经理，小李是销售部经理；小王是人力资源部助理，小宋是销售部助理。小王与小宋是同一所学校毕业的校友，两人关系非常好。一段时间后，销售经理小李对助理小宋的工作不满意，打算辞退他，于是写了一份辞退书让人力资源部助理小王转交人力资源部经理小张。小张在收到辞退书后,查阅了有关的法律、法规,认为没有任何辞退风险,于是签字确认。

看到辞退决定后,小王心里很不舒服,想帮忙把小宋留下来,于是偷偷联系了小宋的介绍人老黄。老黄是小宋所在公司的主要客户,得知此消息后,他以验厂为名来到小宋所在公司,并借机询问小宋的工作情况如何。小张顿时觉得事关重大,于是向总经理报告此事。总经理权衡利弊,要求小张撤回辞退小宋的决定。

清明节回乡扫墓

小赵清明节回乡扫墓,出了火车站,接站的亲戚和早到一天的哥哥领小赵穿过站前广场,直奔一条僻静的小巷。"我们不能在那边叫车吗?"小赵指着那些在广场上待客的出租车问。"哦,我们的出租车在那边。"亲戚向小巷的方向一指。小赵有点儿不解。"他们找的是熟人。"哥哥插进来解释了一句。熟人?小赵更加不解了:"为什么要找熟人呢?打车也要找熟人吗?""反正要用车,把活儿给熟人不比给外人强吗?"亲戚解释说。

"熟人的车要便宜些吧?"小赵问。"哪里,更贵!"又是哥哥插了一句。这个回答完全在小赵意料之外,但小赵很快就明白了其中的道理。车到目的地的时候,那位熟人司机一个劲儿地说不要钱。但这怎么可以呢?经过了两三个回合的推让,他收下了车费,车费的数额自然较计价器的标准要高。

一方有难,八方支援

小李的爸爸从上个月月底开始,连续好几个星期,几乎每天下午都发低烧。开始以为是感冒,也没太在意,也就没跟家人说。后来觉

第三讲 人情与关系

得有点儿不对劲,就去医院检查了一下。做了两次骨髓穿刺,结果出来了,是血癌!每天治疗费用需要一万元!

小李的爸爸兄弟三个,他最小,互相之间感情一直不错,常有来往。他们兄弟三个,总共十个孩子,大伯家五个,二伯家三个,小李家两个。小李的爸爸住院急需用钱,家里一时也拿不出这么多钱,卖房子也来不及了。小李的妈妈给小李的堂兄、堂姐打了个电话,每个孩子二话没说,都直接打过来两万多,当天就凑了二十万元。

小李有个发小,从小在小李家一起吃小李爸爸做的饭菜,现在是一家外企的高管,听说这个消息后,马上就给打过来十万元,说:"这个钱是给爸爸看病的,不用还。不够的话,尽管说,下周再打十万元。"

小李爸爸的几个好朋友,不敢给小李妈妈打电话,怕刺激她。只是打电话给小李,问小李要银行卡号,说:"这是给我大哥看病的钱,孩子你不用管。"

小李爸爸是个普通人,但每天都有亲朋好友去医院探视。

【文化专题】

■ 中国人的人情与关系

一、人情浓厚

一般说来,凡是人类社会都重视人与人之间的感情和与他人的关系,这就是我们所说的"人之常情"。英文里与"人情"对应的是 human feeling,汉语里不仅有"人情"这个词,更衍生出了"人情味"这个词。也许我们可以说,"人情"能上升到一种社会和文化现象,引起世人广泛的注意,是中国社会所特有的。

像案例"邻里之间"这样的事情在中国是非常普遍的,它反映了中国人所具有的浓浓的人情味,使人从中深深地体会到人与人之间的温暖。中国的年轻人结婚以后,只要是跟父母住在一个地方,一般会互相离得比较近,这样便于互相照顾,能随时互相走动。甚至也有不少夫妻选择和父母住在一起(父母本人也很愿意)。生了孩子以后,相当多的夫妻上班以后会把孩子托付给自己父母照看。而在西方一些发达国家,结婚以后,与父母保持密切联系的年轻夫妻就相对比较少,平时没什么急事,不是什么重要的日子,也就偶尔打打电话。与父母住在一起的、把孩子托付给父母照看的更是凤毛麟角,一般是自己在家照顾,或者请保姆照顾。

外国人,特别是刚到中国不久的西方人,对中国朋友同他们打招呼的方式,如"吃饭了吗?""去哪儿?""干什么去?"等,以及同他们谈话的方式,如询问他们的年龄、婚姻、家庭、工作等情况,难以接受。他们从重视隐私权的个人主义文化价值观出发,很容易产生误解,认为中国人不尊重他们的隐私,没有礼貌,甚至认为中国人"不怀好意",对别人的隐私有很强的好奇心。其实,这是他们不了解中国的人情文化的表现。这些看似侵犯隐私的问题恰恰反映了中国人对他们的关心,对远道而来的外国友人给予如家人般"无微不至"的关心。这是中国人的人情味。

二、关系社会

毫无疑问,中国人是非常重视人情的。但这种人情不是无条件的,也不是对所有人都一视同仁的,而是有原则的,这个原则就是关系原则。例如案例"邻里之间",小王之所以在自己出国度蜜月期

第三讲　人情与关系

间让邻居小张帮自己看房子,主要还是因为他和小张有同事这层关系,他们是熟人、朋友。假如没有这层关系,他们只是一般的邻居,互相不了解,那么小王是不可能把自己的新房放心地交给小张的。

因为没有关系做事情相对来说不如有关系那么容易,所以中国人非常重视与别人建立良好的关系。在中国,"关系学"是一门很大的学问,建立正常的人际关系网,拥有广泛的有实力的人脉,对事业的发展无疑是大有裨益的。无论在国内国外,各行各业的成功人士无一例外都是拥有广泛人脉的。

由于"关系"在中国特别重要,而且超越了国际上对"关系"一词的一般意义上的理解,所以,一些英汉词典不再简单地以 relationship、connection 对应汉语的"关系",而直接收录 *guanxi* 来表示中国人特有的"关系"。

三、人情与关系的利与弊

重视人情和关系,能让人感受到社会、集体和他人对自己的关心、帮助。例如中国人结婚或其他重要日子,亲朋好友都会送上一份礼物表示自己的心意,分享当事人的快乐,把少数人的快乐变成多数人的快乐。如果少了人情和关系,人们工作之余互不往来,那我们的社会就会给人冷冰冰的感觉。

在工作和事业发展的过程中,合情合理地借助亲朋好友、同学、同事等关系,可以拥有更多、更好的机会,事业会有更好的发展。

但任何事情都有一个度。过分地看重和利用人情、关系,甚至把"关系"用于见不得人的目的,破坏了公平、公正、公开的社会原则,甚至违法乱纪,就应予以严厉杜绝。

四、重视人情与关系的原因

中国人重视人情和关系由来已久。在中国人的传统观念里,人和人的关系主要包括五种关系——君臣关系、父子关系、夫妇关系、兄弟关系、朋友关系。除了君臣关系和朋友关系以外,其他三种关系都是家族关系。但从泛血缘关系的角度看,所有关系都可以视为家族关系的投射,如君臣关系、师生关系都是情同父子的关系,同学关系、战友关系、同事关系等都是情同兄弟的关系。通过这些不同的关系,大家就像一家人一样处在一个群体里,如《孟子》中所说:"父子有亲,君臣有义,夫妇有别,长幼有叙,朋友有信。"每个人根据自己的地位、身份扮演好自己的角色,互相关心,社会自然会稳定和谐。

中国传统社会是一个人治的群体的社会,重视人情和关系才能使自己获得更多更好的发展机会。个人相对于集体来说并不是最重要的,个人只有在与他人的关系中才能得到自己的定位。中国人平时所说的"能人",除了指有真才实学的人之外,还常常指那种拥有广泛的人脉、会拉关系、会办事的人。

处在人情和关系中的人们自然会形成一种相应的价值体系,其核心就是"和为贵",这里的"和"指的是"和睦、和谐"。但在"和"的背后,个体的选择性意志也可能被迫放弃,自我将受到压抑。压抑会向两个方向发展:一个是缩小或放弃自我的需要以迎合别人的需要,中国人不大善于表现自己的意愿与此有关。另一个是压抑真实的自我,给自己戴上面具来同他人交往,说出来的话有时并非心里话,这很容易让来自异文化的人产生不诚实的印象。其实,这是中国人重视人情和关系的表现。

第三讲　人情与关系

【跨文化交际提示】

- 与中国人交往,建立关系,拥有广泛的人脉,更有助于你的成功。
- 在重要的日子里,比如生日或中国重要的传统节日(春节、中秋节等),向你的中国朋友表示祝福,会增进你们之间的友情。
- 在适当的时候,请你的中国朋友吃饭是快速拉近你们之间距离的好方法。
- 关心与你的中国朋友有密切关系的人也是对你的中国朋友的关心。
- 人情和关系的发展是一个渐进的过程,需要不断地培养,不能急来抱佛脚。
- 不要过于实用主义地去利用人情和关系,使人情关系庸俗化。
- 发现你的失误却没有告诉你比告诉你要可怕得多,特别是两个人处于竞争状态时。

【常用熟语举例】

　　滴水之恩,当涌泉相报/多一个朋友,多一条路/将心比心/近水楼台先得月/老乡见老乡,两眼泪汪汪/内外有别/情同手足/人情世故/人人为我,我为人人/顺水人情/四海之内皆兄弟/为朋友甘愿两肋插刀/先人后己/血浓于水/严以律己,宽以待人/一方有难,八方支援/一家人不说两家话/一日为师,终身为父/与人为善/远亲不如近邻/在家靠父母,出门靠朋友/知恩图报/穷在闹市无人问,富在深山

有远亲/人情薄如纸/任人唯亲/世态炎凉/忘恩负义/一人得道,鸡犬升天

【外国学生谈】

西方人对中国人人情和关系的思考

美国　王丽霞

在世界上,所有的国家都重视人与人之间的情感和关系。但在中国,人情和关系是不可缺少的概念。中国有一句古话叫"来而不往非礼也"。中国人可能觉得西方人没有礼貌,因为西方人不明白怎么在一个"人情国家"交往。西方人反而容易误解"关系",会觉得中国的"友谊"一点儿友好都没有。在这方面中国和西方差别很大。

西方人在中国长期生活,有三个重要的问题需要思考:

第一,谁是我的朋友?西方人觉得朋友很宝贵,不能随随便便地称一个人为朋友。一个人想做你的朋友的原因应该是他喜欢你的性格,不是因为他从你那儿可以得到什么利益。但在中国,西方人经常遇到一些人,初次见面他们就说他是你的朋友。西方人就很容易误解中国的"关系"为"被利用",把人当作可以利用的"工具":如果好用就用,不好用就扔掉。这不是对朋友的态度。西方人会自问:"我们俩刚刚认识,为什么他想做我的朋友?这个人可能不好。"西方有一句话:"虚伪的朋友比公开的敌人更坏。"正因为要避免结交不真诚的人,西方人交朋友比较慎重,他们更愿意说他们"认识"或者"熟悉"某一个人,而把"朋友"这个词留给挚友。

第二,难道朋友多比朋友少好吗?在我们一生中,真正的好朋友并不多。他们很理解我们,无论什么情况下,他们一直在我们身边。西方人重视这样的朋友。亲密的朋友虽然不多,但他们是最重要的。

第三讲　人情与关系

西方人强调一定要有好朋友,但不一定要有太多的朋友。与之相反,中国人好像大多觉得朋友越多越好。俗话说:"多个朋友多条路。"这意味着中国人可能靠人情、关系办事。在中国,很多事情没有关系就不容易办成。所以,西方人在中国遇到中国人称你为"朋友"时,不要想得太多,这些人不是你的亲密朋友,只是你的合伙人而已。在某种情况下他们愿意帮助你,以后他们若需要你帮忙,你也可以帮助他们。一个人有目的地想认识你不一定说他就是坏人,但也不一定会成为你真正的朋友。

第三,收礼或者送礼意味着什么?很多西方人觉得收礼、送礼近于腐败行为。在中国,送礼有时候可能跟腐败有一定的关系,但很多情况下送礼更像我们西方人的给小费。送礼以后别人更愿意为你服务,你对他们好,他们就对你好。西方人也怕收礼,因为他们不喜欢欠人情债。他们很容易想:"如果我收下他的礼,以后他会让我为他做什么?"如果说清楚了,西方人会更放心。比如,我教你一个小时英语,你教我一个小时汉语。这就没什么问题了。西方人怕永远报答不完的"恩情",因此他们宁愿不收礼,也不欠人情债。

西方人在中国生活会觉得"关系"太复杂,但如果能解决以上这些难题,他们在中国与中国人可以拥有和谐的关系。只要双方进行充分的交流,中国人和西方人就能够做到互相理解、互相合作、互相欣赏。

【作业】

中国人很重视人情和关系,而很多国家在这方面很淡薄。你认为重人情和关系有什么利弊?你们国家在这方面有什么表现?请用案例说明。

【扩展学习线索】

崔北方、祝大安 《中国人的关系》,中国社会出版社,2009。

李　画 《中国人的人情世故》,江西人民出版社,2008。

罗家德　关系与圈子——中国人工作场域中的圈子现象,《管理学报》2012年第2期。

石毓智 《中国人的逻辑》,江西教育出版社,2015,207—214。

万　钧 《中国人情》,清华大学出版社,2013。

汪凤炎、郑　红 《中国文化心理学》,暨南大学出版社,2004,73—108。

王小章主编 《中国社会心理学》,浙江大学出版社,2008,190—203。

易中天 《闲话中国人》,上海文艺出版社,2006,114—141、234—260。

蔡　明、郭　达主演　小品《都是亲人》,优酷。

周　炜、武　宾主演　相声《圈子》,CCTV央视网。

【跨文化交际知识窗】

陌生人理论、六度空间理论

陌生人理论是德国社会学家格奥尔格·齐美尔(Georg Simmel)提出的。该理论认为,所有的人际关系,都是基于陌生人而非所谓的熟人建立的。即在人际交往中,人们所面对的陌生人的数量要远远多于熟人。但我们每天和熟人在一起的时间却是最长的,这就是人际时间中的"二八"法则,即20%的人占用80%的时间。但倘若是从事社交活动,达成一定的关系,最需要的方式却是去结识陌

第三讲　人情与关系

生人，并把他们转化为熟人。这里所谓的熟人，基本上是指熟悉的人，与之建立的是一种彼此互信的关系。

六度空间理论是美国社会心理学家斯坦利·米尔格兰姆(Stanley Milgram)提出的。该理论认为，一个人和其他任何一个陌生人之间所间隔的人不会超过五个，也就是说，至多通过五个人，一个人就能够认识其他任何一个陌生人。据此理论，一个人与世界上的任何一个人之间只隔着五个人，无论对方在哪个国家，属于哪个人种，是哪种肤色。需要注意的是，我们不能机械地去理解六度空间理论，不是说任意两个人之间的联系都必须通过五个人才会产生，而是表达了这样一个重要的观念：两个素不相识的人之间，通过一定的联系方式，总能够产生一定的关系。当然，由于联系方式和联系能力的不同，实现个人期望的机遇是会有明显的区别的。

第四讲

面子

【跨文化问题导入】

- 当发现领导或长辈做错了事时,你应该怎样做?
- 如果朋友们想要你请客,而你又不太愿意,你会怎么办?
- 当需要在公开场合批评别人时,你会怎样做?
- 如果别人的批评是对的,但批评的方式很严厉,你会怎么样?
- 两个朋友,年龄一样大。在一次重要的考试中一个成功了,另一个失败了。这时,成功的人会对失败的人说什么?
- 你工作单位离家很近,走路也就10分钟,可是办公室的同事都开着私家车上班,你怎么办呢?
- 你和A是同班同学,学习水平和成绩一直不相上下。但考试成绩出来了,你有一门课的成绩比A少了20分。你会怎么想?

【案例】

家庭的光荣

高考结束不久,小李被北京的一所全国重点大学录取了。不知不觉地,小李母亲在人前人后腰杆变得挺直了,身上总是隐隐地透着

第四讲　面子

一股骄傲。"啧啧！小李真厉害,考上了那么好的大学！""还是人家孩子有出息啊！将来肯定是干大事的人！"这是乡亲们发出的满怀羡慕的赞叹。

读大学期间,每逢假期归来,小李母亲常常要拉着小李去外面买点儿什么。最初小李很不情愿去,后来,他明白了母亲的心思,便和她一起出门,再回来。①

留面子

在中国一家著名的大酒店里,一位客人吃完饭后,趁人不注意,把一双商洛冬青木烙花筷悄悄地塞进了自己的口袋里。离他不远的女服务员早已看在眼里,她大大方方地走过去,双手拿着一个装有冬青木烙花筷的小盒子说:"我发现您用餐时对我们酒店的这种筷子非常感兴趣。为了表达我们的感激之情,我们的餐厅经理让我代表本店,将这双没有用过的冬青木烙花筷送给您,并且按照酒店的优惠价格记在您的账单上,您看如何?"那位客人当然明白服务员的意思,他略带尴尬地解释说:"多喝了几杯酒,脑子有点儿糊涂。哦,还有没有用过的筷子！那我就换双新的吧！"说着,便拿出了口袋里的筷子,放到了桌子上,不失体面地去付了账。

【文化专题】

■ 中国人的面子观念

"面子"对中国人来说是一个很重要的概念,是中国人非常典型

---

① 摘编自刘汀,乡下母亲的生活哲学,《才智·智慧版》2015年第2期,38—39。

的文化特征之一。美国学者阿瑟·亨德森·史密斯(2011:3)认为,面子是"打开中国人许多重要特征这把暗锁"的"钥匙"。

"面子"这一概念是中国人的首创,由人类学家胡先缙介绍到西方国家。英国学者布朗和列文森将"面子"定义为"每一个社会成员希望在他人那里获得的自我形象",并把面子分为积极面子(positive face)和消极面子(negative face)两种。(毕继万,2009b:122)积极面子是希望得到别人的赞同、喜爱、欣赏和尊敬;消极面子是指不希望别人强加于自己,自己的行为不受别人的干涉、阻碍,有自己选择行动的自由。

一、中国文化中的面子

按理说,世界各民族的人都会重视面子,但为什么单单把"爱面子"的这项大帽子戴在中国人的头上呢?这与中国文化有着密切的关系。

在中国人看来,面子问题就是尊严问题。"尊严"是个褒义词,而"面子"是个中性词。《现代汉语词典》(2016:905)对"面子"的解释是:①物体的表面。②表面的形象;虚荣。③情面。从与我们所说的"面子"有关的②③两个义项来看,"面子"一词基本上偏于贬义,没有明显带有褒义的义项。这也难怪当我们说一个人"爱面子""要面子""好面子""给面子"时,总是或多或少地含有否定的口气。

中国主体文化源于两千多年前的儒家文化,其思想核心是"天人合一"和"仁爱"。与西方文化重视个人价值不同,在儒家文化的理论体系中,个人被看作社会的一分子,要根据自己的社会角色承担社会赋予的责任,并形成与之相适应的品质。因此,中国文化具有高度重视社会整体、强调个人服从整体的历史传统。儒家文化的代表人物

第四讲　面子

孔子主张以"仁爱"之心待人。孔子的这种"仁爱"思想与尊卑有别、长幼有序的等级观念紧密相连。在这种等级体系中，人与人之间的关系是不平等的，它强调个人要严格按照自己在等级体系中的位置来规范自己的言行，在最大程度上服从于自己所在的团体或社会，以期达到社会道德规范的标准。这种文化背景下产生的"面子"与西方的"面子"不尽相同。

中国文化中的"面子"非常强调公共面子，公共面子不是像西方的面子那样强调个人愿望的迁就，而是强调个体行为和群体观念、评价的和谐统一。当个体的行为与群体观念不一致时，则要迁就群体观念。在生活和工作中，中国人都希望得到群体的接纳、认可和尊重，而并不崇尚满足个人行为的自由。例如，在和别人一起吃饭时，中国人会不停地劝对方"多吃点儿""别停筷子"，从而营造一种和谐一致的气氛，以显示礼貌、客气，以及和对方属于同一群体的资格。相比而言，西方文化更注重对彼此消极面子的保护。在社交礼仪中，西方人特别推崇"尽量避免给他人带来不便"这一原则。这样就给对方留有更多的选择余地，还避免造成尴尬，从而充分尊重了彼此行为的自由。从前边布朗和列文森对积极面子和消极面子的解释看，中国文化语境中的面子主要是积极面子，基本不包括西方文化中的消极面子。

中国人的面子观还可以从中国文化是耻感文化的特性中得到解释。中国人的羞耻感是以别人怎么想为主的，也就是说，自己觉得事情该不该，是由别人会怎么想怎么看自己决定的。西方文化则是罪感文化，罪恶感是不以别人怎么看为主的，而是看事情本身对不对，也就是以内省的方式审视自己有没有违背自己的原则。因为中国人的面子观与西方不同，有时甚至偏于贬义，所以就给人一种中国人尤其"爱面子"的印象。

二、中国人重视面子的种种表现

第一，平均主义。有好事大家利益均沾，大家都差不多时，就论资排辈，轮流坐庄。别人跟自己年龄、条件都差不多，如得到的比自己多，心里就不舒服。

第二，攀比心理。别人买了大房子和汽车，自己也要买大房子和汽车；别人开车上下班，自己家虽然离单位很近，但为了面子，也要开车上下班。

第三，好听的名称。中国改革开放初期，某些国有企业职工由于专业技能已经不能适应现代企业的要求，所以就离开了企业。那时候在政府文件和新闻报道中都不叫"失业"，而叫"下岗"，虽然是一回事，但好听一些。类似的如在社区当保姆的叫"社区服务人员"，"学院"改名为"大学"，等等。

第四，抢着买单。出去吃饭结账时，中国人都会抢着付钱，最后付钱的那个人显得很有面子；如果跟女生（不一定是女朋友）出去玩儿，男生一般会主动付钱，这样的男生会获得女生的好感，给女生留下大方的印象。

第五，用外国货。不少中国人以拥有外国货为荣。同样产品，比如手机，虽然国产手机物美价廉，但很多人仍觉得拥有外国产手机在别人面前就非常有面子。

三、重视面子的利弊

从社会心理学的角度看，面子是指个人有所成就而获得的社会地位或声望。从好的方面看，面子就是自尊。为了自尊而发愤图强，

第四讲　面子

终有所成,这当然有利于社会的发展。但任何事情都得把握一个度,过分追求面子,虚荣心膨胀,可能就会打肿脸充胖子,甚至会导致弄虚作假,对社会和个人都只能是有百害而无一益。

【跨文化交际提示】

- 中国人非常重视面子,无论在什么情况下,即使是做错了什么事,都切记不要让他们"丢面子"。
- 中国人请吃饭时可能点很多菜,你可以适当劝阻。吃饭时,可千万不要撑着自己也要把所有的菜吃完,可以适当地剩下一点儿,否则的话,中国人会认为他们点的菜不够,觉得很没面子。
- 去中国人家里做客时,不要吝惜赞美,多夸奖主人家的一切,如房子宽敞、家具漂亮、菜好吃等等。当然要适度,不要过分。
- 称呼有一定职务的人时,在姓后边加上其所担任的职务,如"王处长""张校长"等。要注意的是,即便是副职,如副处长、副校长等,也要把"副"字去掉,除非在非常正式的场合。
- 劝告别人时,若不顾及对方的自尊心,再好的言语都是没用的。有第三者在场的情况下更需要注意这一点。
- 一个人总是夸夸其谈,并不能说明这个人很有能耐,可能恰好相反,他非常自卑。表面的自信不过是为了掩饰内心的自卑。

【常用熟语举例】

报喜不报忧/不卑不亢/不讲情面/不看僧面看佛面/不为五斗米

折腰/打人不打脸,骂人不揭短/打肿脸充胖子/得饶人处且饶人/家丑不可外扬/名垂青史/宁为玉碎,不为瓦全/人过留名,雁过留声/人活一张脸,树活一张皮/人前显贵,人后受罪/盛情难却/士可杀不可辱/死要面子活受罪/无颜见江东父老/衣锦还乡/与其跪着生,不如站着死/爱慕虚荣/阿谀奉承/寡廉鲜耻/厚颜无耻/死皮赖脸/恬不知耻

【外国学生谈】

中国人和外国人对"面子"的理解

德国　吉娜

中国人爱面子,讲究"脸面",可以说是无所不及,有时甚至"死要面子活受罪"。面子文化构成了中国文化的一大特点。面子也是西方人对中国常见的沿袭已久的固有印象。实际上,面子是东西方文化中都存在的现象。但是谈面子容易出现误解,因为它的根和产生历史不同,所以对面子的表现和面子的理解也不同。

面子可以"给"和"拿"、可以"丢"和"驳"、可以"爱"和"有"。中国人的面子可能接近于西方的名声、声誉(reputation)或声望、威望(prestige),但实际上远远超出这些范围。

在西方国家有两种情况:一方面,面子是给自己看的,注重独立的人会说自己不管别人想什么,自己喜欢是最重要的。另一方面,面子也是给别人看的,很多人常常过于在乎别人对自己的看法,但这可能还是为了自己,而不是为了保持社会和谐。面子对西方人有时带有一种消极不利的意味,譬如,不想承认有错、有罪。其原因是西方宗教的罪恶感。"后悔的罪人"是宗教常见的比喻。罪恶原则是宗教教育的重要组成部分。罪就是卑鄙而作恶,是必须抵偿的行为。所

第四讲　面子

以西方人的面子和不承认自己的错有某种关联。在西方还出现了一种所谓"白色的撒谎"的现象，就是为了不丢脸允许不说实话。

　　在中国情况则很不一样。中国人的面子就是公共的羞愧之感，和私人的罪恶感不同，它是一种社会自动调节系统。面对别人感到羞愧、不好意思，就是中国人尽量避免的情况，因为这等于丢脸、没面子。面子就是中国人常见的顾虑和犹豫的基点，中国人都在乎别人如何看待自己。和西方重要的区别是自我感和别人对自己的评价。注重独立性的西方文化强调别人怎么想不如自己怎么想重要，而注重群体的中国文化强调考虑别人对自己的看法如何。其出发点和落脚点都是为了维系自己的声誉（面子）和人际关系。

【作业】

　　通过中国和自己国家的比较及实际案例分析，说明"爱面子"的利弊。

【扩展学习线索】

　　毕继万　《跨文化交际与第二语言教学》，北京语言大学出版社，2009，121—128、148—157。

　　陈虎强　论面子观念———一种中国人典型社会心理现象的分析，《湖南师范大学社会科学学报》1999年第1期。

　　黄光国、胡光缙等　《面子——中国人的权力游戏》，中国人民大学出版社，2004。

　　石毓智　《中国人的逻辑》，江西教育出版社，2015，215—233。

　　汪凤炎、郑　红　《中国文化心理学》，暨南大学出版社，2004，109—125。

易中天 《闲话中国人》,上海文艺出版社,2006,78—100。

翟学伟 《中国人的日常呈现——面子与人情的社会学研究》,南京大学出版社,2016。

郭冬临、买红妹主演 小品《有事您说话》,优酷。

【跨文化交际知识窗】

面子理论

面子理论是英国学者布朗和列文森提出来的。该理论认为,每个人都具有两种面子:积极面子和消极面子。前者是希望得到别人的赞同、喜爱、欣赏和尊重,后者是指不希望自己的行为受别人的干涉、阻碍,有自己选择行动的自由。在交际的过程中,双方都同时面临着积极面子和消极面子的威胁。因此,绝大多数言语行为都是威胁面子的行为。从积极面子和消极面子、听话人和说话人的角度,威胁面子的言语行为可分为四种类型:(1)威胁听话人积极面子的言语行为,如说话人不赞成听话人的意见和建议,对听话人抱怨、批评甚至谴责、指控和侮辱,触碰听话人视为禁忌的话题等。(2)威胁说话人积极面子的言语行为,如说话人进行道歉、接受赞扬或恭维、承认自己有错或有罪等。(3)威胁听话人消极面子的言语行为,如说话人对听话人进行命令、忠告、威胁、警告等。(4)威胁说话人消极面子的言语行为,如说话人接受听话人的恩惠、接受听话人的感谢、非情愿地给以承诺等。

第五讲

等级与权威

【跨文化问题导入】

- 在你所在的集体或单位中,你会明显地感受到等级的存在吗?
- 在你们国家,哪种职业最被人看重?公务员是让人羡慕的职业吗?
- 当你与领导意见不一致时,你最后是坚持自己的意见,还是放弃自己的意见而听从领导的意见?
- 在你们国家,找对象很看重出身、身份、地位等因素吗?
- 你的职位得到晋升以后,别人还像以前那样称呼你,你有什么感觉?
- 大学毕业前,你找工作优先选择的是什么职业?
- 你的亲戚中有人在实权部门做负责人,你会找他为你办事吗?
- 你的朋友或同事担任了一定职务,他会有什么变化?你会怎样与他相处?

【案例】

征婚启事

某女,24岁,身高1.65米,未婚。大学本科学历,干部家庭出身,本市某大型国营企业总经理办公室文秘。该女面容姣好,性格温柔,爱好广泛。欲寻一位性格温和、责任感强、孝敬父母的男士为伴。条件:年龄在24至30岁之间,身高1.75米以上,大学本科以上学历,国家机关或国有企业干部,有本市城市户口,经济条件较好,有市内住房。

大学同学会上的发言顺序

不知不觉,王哲大学毕业整整20年了。前天王哲接到在省城工作的负责组织同学会的老同学赵强的电话,说月底的周末,全班同学将回到母校聚会,届时,将邀请尚健在的当年所有的系领导和任课老师参加。

同学会的日子到了,来自四面八方的老同学汇聚到了母校,师生见面,场面热烈感人。有意思的是,同学们轮流发表感言时的顺序安排:首先是在省政府当办公厅主任(厅级)的老班长,其次是在省教育厅当副厅长的老团支书。然后,就是根据行政级别,按处、科级依次发言,大学、中学教师则分别按照相当于行政级别的职级(教授相当于正处,副教授相当于副处,讲师相当于正科;中学教师也参照执行)发言。当然,无职无级的其他同学就安排到后边发言。王小山大学毕业后依靠父母的赞助和贷款,自谋职业经营了一家酒店,年纯收入有几百万元,为了这次同学会自告奋勇地承担了同学们的食宿费,于是被"破例"安排到了第三位发言……

第五讲　等级与权威

光宗耀祖

　　清明节回乡祭奠时,刘忠遇到了儿时的好友王盛。王盛高中毕业后没有考大学,和别人合伙开了一家装修公司。这些年房地产生意非常红火,他的收入相当可观。除了在城里买了一套商品房外,他还在家乡建了一座两层小楼。乡亲们都称赞他是光宗耀祖的人。好友多年不见,财大气粗的王盛执意请客。饭桌上,两个人推杯换盏,敞开心扉,无话不谈。刘忠恭维他光宗耀祖了,他连连摇头说:"我这算什么光宗耀祖啊?!你看人家张耀先在外地当官,那才叫有出息!我想好了,儿子将来大学毕业了,让他考个公务员,走仕途!"

【文化专题】

■ 中国的等级与权威

一、中国社会的等级与权威

　　中国在两千多年中都处于封建社会阶段,这是极为漫长的,在世界历史上也是罕见的。中国封建社会表现在政体上是以中央集权的皇权专制为主要特征的,表现在社会结构上就是族权和政权相结合的封建宗法等级制度,其核心是宗族家长制,君权、父权、夫权占据主导地位。因为封建社会是建立在宗法关系基础之上的,所以非常重视社会中的等级秩序。

　　儒家特别强调等级秩序的重要性。以孔子、孟子为代表的儒家提倡"君君、臣臣、父父、子子",就是处于不同社会关系、家族关系中的人,一定要明确自己的等级身份,并按照由这种身份所确定的角色行事。除此以外,儒家思想还规定了"君为臣纲,父为子纲,夫为妻纲"的"三纲"等级秩序,这实际上也就是基本的人间等级秩序:"君为臣纲"是社会关系的秩序,"夫为妻纲"是男女家庭关系的秩序,"父为子纲"是父子血缘关系的秩序,"君""夫""父"为主,"臣""妻""子"为从,这里面包含着君权、男权和长者本位的思想。

权威和等级秩序相伴而生,两者联系十分紧密。社会等级秩序的安排和运转是需要内部力量和外部力量来保证的。内部力量是道德,个人靠长期的思想品德教育、自我修养来获得社会需要的道德意识和观念,自觉服从社会等级秩序的安排;外部力量就是权威和法律,它们作为外在的威慑力量使每个人接受、服从社会等级秩序。

在严格的社会等级秩序下,人们很难产生平等和独立的意识,只会被动地接受权威的安排。长此以往,个人会养成唯权威的马首是瞻的性格,社会也会因此变得僵化和缺乏活力。

二、中国社会等级与权威的表现

1. 尊老敬老

自古至今,以中国为代表的东方社会都有尊老敬老的优良传统。中国人非常重视孝道。老人为社会养育了下一代,把自己的经验、知识传给了年青一代,把他们培养成了社会所需要的人,为社会做出了很大的贡献,年纪大了理应受到社会的敬重和优待。2013年,中国正式把农历九月初九确立为敬老节(老年节);许多公共交通工具上设有老年人专座;根据年龄的不同,乘坐公共汽车可以享受半价或免费;政府修建了老年人活动中心、敬老院等设施⋯⋯在家庭中,儿女大都以孝敬老人为己任,逢年过节、老人生日时,一般会去老人家里一起欢度;平时也常常与老人联系,对他们嘘寒问暖,关心他们的衣食住行、身心健康⋯⋯

第五讲　等级与权威

2. 脑体差别

封建社会重视脑力劳动,轻视体力劳动。《孟子》中说:"劳心者治人,劳力者治于人。"北宋学者汪洙的《神童诗》中有一句在中国几乎人人皆知的诗句:"万般皆下品,惟有读书高。"意思是:其他的职业都是低贱的,只有读书当官才是正途。在通过科举考试选拔人才(官吏)的时代,各地聪明好学、读书优异者都去应考,以求通过科举考试谋得一官半职,荣华富贵,光宗耀祖。穷苦人家的孩子大多没有机会读书,多是当农民,风吹日晒,求得温饱。

随着社会的发展和进步,现在脑力劳动和体力劳动的界限已经不像古代那么分明,体力劳动者的收入和待遇也有了大幅度的提高,但囿于传统观念的束缚,重脑轻体的现象仍然不同程度地存在着。如城市里的很多人宁愿在家闲着,也不肯从事一些以体力劳动为主的工作。

3. 门当户对

封建社会的婚姻讲究门当户对,讲究双方家庭条件基本相当,所以,朝廷命官的公子、小姐与乡下农户的丫头、小子的结合是不可想象的。现代中国社会在这方面有了很大的变化,建立在爱情和事业基础上的现代婚恋观已经开始在中国人(特别是受过高等教育的年青一代)的心目中占据越来越重要的位置。但门当户对的观念远未绝迹,它依旧或多或少地影响着人们对婚姻对象的选择。

4. 男尊女卑

在中国封建社会,两性关系方面男尊女卑,对女性一直持歧视态度,像"唯女子与小人难养也""女子无才便是德""女人是祸水"等就明显地反映了这一点。汉字中相当一部分以"女"字为形旁的形声字都带有贬义,如"奸、嫉、妒、奴、婊、妓、嫖、娼、婢、婪、嫌、妖、姘"等,对女性的不尊重一目了然。进入现代社会,妇女的地位获得了极大的提升,男女平等在家庭、就业、升学等许多方面都变成了现实。然而也应该看到,虽然法律上规定了男女地位平等,但受封建传统观念的影响,中国社会离真正的男女平等依然有很长的路要走。

5. 权力敬畏

中国封建等级制度的特点是以行政隶属关系为主的呈网络状的社会政治等级制,行政权力与其他权力相比处于绝对优势地位,甚至可以代替其他权力,如古代各级行政长官就可以同时行使司法、检察权。这造就了人们对权力(主要是行政权力)的崇拜。现在,中国虽然已进入现代社会,但封建思想对人们依然还有一定的影响,不少人仍然崇拜权力,具体有如下较为突出的表现:第一,对官员的称呼。在中国,对官员称呼一般是其所担任的官职。而在西方许多国家,对男性成年人称先生,对女性成年人称女士,即便他们是官员。第二,官位高低成了评价一个人成功与否的重要标准之一。第三,升官成了一些人追求的目标。做公务员是走仕途的最直接的渠道。中国每年的公务员考试都异常火爆,竞争激烈,有的职位考录比达到几百分之一、几千分之一。据媒体报道,2012年中国大学生毕业后愿意当公务员的比例为76.4%,而法国、美国、新加坡分别只有5.3%、3.0%、2.0%。

【跨文化交际提示】

- 在跟中国人交往前,最好了解清楚他是否担任什么职务。有职务最好以职务相称。当然,你是外国人,按照国际惯例称呼"先生""女士"也未尝不可。

第五讲　等级与权威

- 与有职位的人交往，以职务相称，即使对方担任的是副职，最好也把"副"字去掉。
- 跟中国人交际时用的名片上，最好列出职务、级别，这样更容易引起对方重视。
- 当不知道对方具体担任什么职务时，可以"领导"相称。
- 参加会议或聚会，不要随便举手发言。地位高、级别高、年纪大的人发言后，自己再发言。
- 尊重权威的最好办法是避免当面驳他们的面子。
- 中国人非常讲究孝道，在长辈面前，最好不要顶嘴，否则会被视为不懂规矩。
- 中国社会以前没有"女士优先"的习惯，当你很绅士地给中国女士开车门、让座时，她们可能会感到不自在或不好意思。不要在女士进、出门时为她们脱或接、穿外衣，这样显得过于亲密，会使别人产生误会。

【常用熟语举例】

爱民如子/不在其位，不谋其政/当官不为民做主，不如回家卖红薯/飞黄腾达/高官厚禄/功高盖主/官逼民反/官运亨通/礼贤下士/廉洁奉公/民贵君轻/平起平坐/七品芝麻官/青云直上/人人生而平等/人无高低贵贱之分/三教九流/升官发财/师道尊严/士农工商/为官一任，造福一方/为人民服务/新官上任三把火/一官半职/一视同仁/以民为本/以身作则/有权有势/高高在上/官大一级压死人/官官相护/官贵民贱/官样文章/劳心者治人，劳力者治于人/男尊女卑/人分三六九等/人微言轻，人贵言重/弹冠相庆/衙门作风/只许州官放火，不许百姓点灯

【外国学生谈】

中国和西方的等级与权威

美国　周泽希

众所周知,受儒家思想影响很深的国家都十分讲究社会秩序,以减少矛盾(一般指人与人之间的矛盾)。因此,只要一个人能被置于某种固定的社会地位,那么他和不同地位的人之间的矛盾就不易发生。但这种保证社会秩序的方法有时会被极端化,譬如,在中国的学校里,学生一般不能指出老师的错误。据说在日本的公司里,不管几点,如果经理还没走,下属绝对不能走。

在来中国之前,我已经听说过这些现象在中国和其他东方国家相当普遍,所以来中国以后我并没有感到惊讶,反而想起了当年的社会学课程上讲的内容,书上写的果然没错!在中国,我早就习惯用职位称呼别人,比如某老师、某院长、某经理等。我开始教英语的时候,刚开始很不习惯学生直接叫我"老师",当时认为一个二十几岁的男生没有资格被称为"先生""Mister"等,但现在感觉听着还是挺舒服的!

总体上,无论我服从与否,我或多或少习惯了中国人关于等级的思想。不过,有一个方面我仍不知道如何看待,就是对"领导"这个词的使用。在微信上的一个群里面,十来个老师在讨论如何解决某个问题。因为我当时只是一个实习生,教学责任(和权威)不大,于是就可以袖手旁观,看看中国人的职场行为是什么样的,这是我第一次近距离观察这类行为。讨论的过程很顺利,上司说要怎么做,其他人都做出了积极的反馈,事情圆满成功。而最后让我大吃一惊的是,所有的"下属"陆续说了这么一句话:"谢谢领导!"

其实,在英语里,leader 这个词本身没有什么特别的褒贬义,不

第五讲　等级与权威

过用的时候需要非常谨慎，因为它只能用在伟大人物的身上。而我发现，中国人经常说"领导"，无论是国家主席，还是超市里的小负责人，都可以是"领导"。一个人之所以能"领导"，那是因为他后面有人追随，因此，不管在什么社会层级，领导者和追随者之间的关系都表现得清清楚楚。这并不是说美国人或西方人不划分等级，相反，西方的等级制度也是很严格的，但是，我们不喜欢使等级显得那么突出，所以表面上看等级很模糊。

西方人特别讲究人人平等，在公司里，收银员也好，总经理也罢，谁都可以直接用名字称呼。老板跟你谈话好像和你是朋友似的，上司经常欢迎员工们提意见。不过潜规则仍然存在，总有一条线是不可触的，这条线具体在哪里，可能需要你去摸着石头过河，但这条线是由你的等级而定。很多人到了新的公司以后常常有一个问题，就是他们不知道这些 Misters、Misses 和他是什么关系，谁的地位高，不能直接看出来，也不能直接问出来，只能从周围人的言语和行动中找线索。相比之下，我倒觉得中国这方面更明朗：根据别人的称呼就可以了解他所处的地位。

【作业】

与自己的国家进行比较，分析等级观念与权威主义的种种表现及产生的原因。

【扩展学习线索】

梁晓声　《中国社会各阶层分析》（增订版），文化艺术出版社，2014。

林语堂　《吾国与吾民》，江苏文艺出版社，2010，186—191。

刘瑞芳、朱向东　略论官本位的表现与危害,《人民论坛》2010年第20期。

马庆钰　论家长本位与"权威主义人格"——关于中国传统政治文化的一种分析,《中国人民大学学报》1998年第5期。

乔　建、潘乃谷主编　《中国人的观念与行为》,天津人民出版社,1995,339—350。

石毓智　《中国人的逻辑》,江西人民出版社,2005,117—124、193—201。

汪凤炎、郑　红　《中国文化心理学》,暨南大学出版社,2004,342—348。

王小章主编　《中国社会心理学》,浙江大学出版社,2008,163—166。

阎云翔　差序格局与中国文化的等级观,《社会学研究》2006年第4期。

易中天　《闲话中国人》,上海文艺出版社,2006,184—194、201—207。

沈　腾、马　丽主演　小品《投其所好》,优酷。

【跨文化交际知识窗】

权力差距与权威效应

权力差距(power distance)是荷兰心理学家吉尔特·霍夫斯泰德(Geert Hofstede)提出的,用来衡量社会机构和组织内权力分配不平等的一种文化尺度。权力差距文化分为高权力差距文化与低权力差距文化。前者指的是人与人之间由于阅历、职位、文化水平等方面的差异而形成的上下级之间的纵向关系。在此种关系中,人们比

第五讲　等级与权威

较看重地位的差别和自己在上下级这种等级关系中所处的位置。以中国文化为代表的大部分东方文化均属于此种文化。与之相反的即是低权力差距文化。身处这种文化中的人们的人际关系呈现横向关系。在此种文化中生活的人们，深受平等观念的影响，交流双方是平等的。欧美发达国家的文化基本上属于此种文化。

　　权威效应指一个人如果有威信、地位高，那么其所言所行就易于引起人们重视，并使人们相信其正确性。权威效应在社会中是普遍存在的，这首先是由于人们都有安全心理，常常认为权威的能力和知识远远强于一般人，服从他们会使自己感到安全，说话、做事出错的概率小；其次是由于人们有赞许心理，总是认为权威的要求一般与社会规范相一致，按照权威的要求去做，会得到各方面的赞许和奖励。在人际交往中，利用权威效应，还能够达到引导或改变对方的态度和行为的目的。然而，权威也是人，不是神，他们不可能都是正确的，过分地相信权威容易导致人们迷信和盲从权威，从而给社会和个人带来损害。

第六讲

群体主义与个人主义

【跨文化问题导入】

- 一个女孩子 30 岁了还没有对象,人们会怎么看?
- 家里的电视看了十几年了,想换一台新的,你们打算选择什么样的?
- 在马路上,你看到有一群人围在一起在看什么,你想过去看吗?
- 一个正在找对象的女大学毕业生,她的几个好朋友的对象都是本科毕业生或研究生,而且也都是高个子,那么她的标准呢?
- 在一次会议上,你的观点跟多数人不一样,你会坚持或保留自己的意见吗?
- 你们国家的学者独立发表文章,谈到自己的观点时,常说"我认为"还是"我们认为"?

【案例】

一切为了儿子的高考

一个星期前的一个暴风骤雨之夜。王雪莲骑自行车回家,因夜

第六讲 群体主义与个人主义

黑雨大,道路不明,不幸连人带车落入涵洞排水渠失踪了。丈夫李坚强为了让儿子李永浩安心参加高考,强忍着悲痛照顾着儿子的饮食起居,并一直对儿子隐瞒实情。高考结束后的当晚,李坚强才把实情告诉了儿子。李永浩得知实情后放声大哭、悲痛欲绝。他说,在母亲出事那几天,自己莫名其妙地心烦意乱,所以高考发挥得也很不理想。李永浩强忍着泪水,说能理解父亲。

集体的荣誉和个人的荣誉

在某电视台的"奥运中国"节目上,主持人对中国羽毛球队总教练进行采访,当问到他对羽毛球队夺得奥运会多枚金牌的感受时,他回答:"我为我的运动员感到骄傲。他们为国家争了光。可我想强调的是,羽毛球队的成功不仅属于运动员自己,也属于包括球队领导、教练、陪练、队医、厨师等在内的整个团队。"

在美国,运动员夺得冠军将会获得所有的掌声、鲜花和荣誉,他可能会微笑着说:"拿到金牌我十分高兴,这是我平时刻苦训练的结果,打败对手我十分有信心,金牌只会属于我。"

【文化专题】

■ 中国人的群体主义

中国人比较熟悉"集体主义"这个名词,但"群体主义"更符合我们的本意。《现代汉语词典》(2016)对"群体"的解释是:泛指本质上有共同点的个体组成的整体;对"集体"的解释是:许多人合起来的有组织的整体。"集体"更强调组织性,"群体"可以包括"集体",只要是有共同特点的个体的集合都可以称作"群体",包括有组织的,也包括无组织的、松散的或临时性的集合。我们从不强调组织性这方面考虑，采用"群体"的说法；当组织性比较明显的时候，我们用"集体"的说法。

所谓群体主义，指的是一种强调群体和国家的重要性、强调群体利益应该置于个人利益之上的文化价值观念。群体主义认为，人是群体的一员，离开群体，个人几乎无所作为，或者作用很小，因此社会中的每一个人必须重视合作和群体的力量，任何事情应该多为他人考虑，要珍视友谊和家庭。与之相对的是个人主义，个人主义认为个人虽然离不开社会群体，但正是由于个人对自我利益和幸福的不断追求才最终推动了社会的前进，因此在社会事务中应首先考虑个人的幸福和需要。个人主义也认为人离不开社会，也看重人际关系，但是它强调的是一种松散的社会人际关系及结构。与中国相比，西方发达国家就是比较重视个人主义的社会。

从本质上来说，人都是社会性的动物，人组成社会来从事一系列的物质生产活动和精神生产活动。离开了社会，个人则无法独存；同样，离开了个人，社会也会难以运转。所以，我们不能片面地非此即彼地去理解群体主义和个人主义。我们所说的群体主义和个人主义只是相对而言的一种倾向性。

和西方国家的人倾向于个人相比，中国人更加倾向于群体。俗语"大河有水小河满，大河无水小河干"就是群体主义思想的典型反映。中国人往往以家庭、社会、国家为重。儒家文化对中国人影响深远，它提倡谦虚谨慎，主张中庸之道，忌讳锋芒毕露。在此基础上，形成了中国的文化价值观：强调整体的权利，忽视个体的权利，个人意志应该服从整体意志，少数应该服从多数，人的个性湮没于群体之中。

第六讲 群体主义与个人主义

当群体利益与个人利益发生冲突时,中国人往往会放弃个人利益,服从群体的需要。

群体主义的特征之一就是群体取向。中国人重视群体的行为表现俯拾即是,比如,相当多的中国人成年甚至结婚以后还住在父母家里,而且彼此大都十分情愿,相处融洽、和谐。当然,随着社会的发展,儿女与父母分开住的现象越来越普遍。但即便是这样,空间的分开也并不会隔断亲情,相互的联系、来往仍然比较频繁。儿女生了孩子后,相当多的父母,尤其是退休的父母,都会帮助儿女照顾下一代。生活在群体中,生活有了依靠,个人行为也有了指导,生活也会变得踏实、稳定。

群体主义的另一个特征是他人取向。这就是人们常说的"为别人活着"。公众的议论会给人带来巨大的压力,因此,人们在做事之前常常先考虑别人会怎么想、怎么说。在这种压力下,许多人不得不放弃本来的想法,改变自己的行为。比如,女性到了30多岁还没有成家,她的亲朋好友、邻居同事就会觉得不可思议,甚至会帮她找对象,直到她和大家一样结婚生子。如果不考虑公众的意见,按照自己的想法行事,就会受到批评,甚至被孤立和排斥,以至于没法在群体中生存下去。

中国人每接触一个新的群体,总是先要在心里把自己跟别人比较一下。如果自己与别人很不一样,在人群中显得很另类,就会觉得于心不安,就可能按照群体的标准修正自己,直到和群体中的大多数人一致。我们常常听到这样的事例,一些刚参加工作不久很有棱角的年轻人,过一段时间就会不知不觉地磨平自己的棱角,变得世故圆滑。也就是说,中国人会自觉地要求自己的行为符合一个群体的行为标准。这就是人们常说的从众心理。

从众心理在日常生活中随处可见。比如，外国公司在中国推销新产品，一开始常常会觉得开拓市场很不容易，要让中国人掏腰包买他们的产品需要花费很多工夫。但是，一部分中国人买了以后，渐渐地就会有很多人跟进，做生意会越来越容易，牌子打响了以后，会长时间保持很稳定的销量。再比如，买股票，很多散户懒得去分析股票的走势、技术形态和企业的实力及未来的发展前景，别人买什么赚了钱，他们就跟着买。

　　与从众心理异曲同工的就是羊群效应。崇拜权威、迷信权力，需要一个权威做自己的指路明灯，为自己解决疑难。自己不需要动多少脑筋，只管跟着权威干，或者享受他们提供的方便和好处即可。

　　重视群体的自然结果就是不突出个人。不管做什么事情都要靠群体的力量，群体的力量远远大于个人的力量。这一点和美国等西方国家很不相同。中国人取得了成绩，常常会说"离不开领导和大家的帮助"，一般不会说"我的成绩是我个人努力的结果"，否则的话，别人可能会认为他说话欠周到。中国的学术论著的作者在阐述自己的观点时，常说"我们认为"，而不大说"我认为"，这都是不愿意突出个人的表现。突出个人往往就意味着你不把别人当回事，那么你就可能被孤立，被大家疏远。

　　重视群体的另一个突出表现就是喜聚不喜散。每逢春节、中秋节等传统节日，大家都尽量回到父母的身边团聚，享受大家庭其乐融融的亲情。许多大学毕业生毕业后都定期搞一些聚会活动，联络感情，交流信息，有什么事情大家可以互相帮忙。

　　改革开放以后，受西方现代社会思想的影响，中国人，尤其是年轻人，也接受了个人主义的思想观念，很多人开始抵触群体对自己的束缚。但从主流文化看，群体主义仍然具有巨大的影响力。

第六讲　群体主义与个人主义

【跨文化交际提示】

- 不管是赞扬还是批评,即使本意是针对某一个人的,但他所属的群体的人也会觉得你是针对他们这个群体的。
- 面对一个群体的许多成员实施表扬行为时,不要过于突出某一个人,这会给他带来比较大的压力,让他感到不舒服。除了表扬某一个人以外,还要涉及其所属群体,特别是群体中的负责人。
- 某件事成功以后,不要过于强调自己的功劳,应该先强调群体和大家的共同努力,然后再说自己也做出了一定的贡献。
- 中国人说话或写文章,里边用到"我们认为"时,不一定真的就是两个以上的人这么认为,很可能就是作者一个人的观点。
- 当一个中国人改变或放弃自己的观点时,千万不要吃惊,可能他的观点没有得到周围人尤其是领导的认同,他感受到了作为少数派的压力。

【常用熟语举例】

　　不敢为天下先/不约而同/大河有水小河满,大河无水小河干/单枪匹马/独木不成林/覆巢之下无完卵/孤家寡人/孤掌难鸣/寡不敌众/毫不利己,专门利人/和衷共济/雷锋精神/离群索居/勠力同心/齐心协力/群策群力/人心齐,泰山移/人言可畏/三个臭皮匠,顶个诸葛亮/少数服从多数/天时不如地利,地利不如人和/同仇敌忾/同甘共苦/同心同德/同舟共济/团结就是力量/万众一心/物以类聚,人以群分/先人后己/一个巴掌拍不响/一个篱笆三个桩,一个好汉三个帮/一根筷子容易折,十根筷子硬如铁/一呼百应/异口同声/众人拾柴火焰高/众志成城/出头的椽子先烂/各人打各人的算盘/木秀于林,风必摧之/枪打出头鸟/人怕出名猪怕壮/四分五裂/损公肥私/自私自利

【外国学生谈】

群体主义与个人主义

德国　何大

群体主义是主张个人从属于社会,个人利益应当服从集团、民族、阶级和国家利益的一种思想理论和精神。而在个人主义中,个人的自由和个人的重要性是最重要的。

根据吉尔特·霍夫斯泰德针对个人主义的调查,最重视个人主义的国家是美国(91分),德国也比较重视个人主义(67分)。在德国,人与人之间也要互相帮助,集体的工作很重要,但是每个人都有权表达自己的观点,不能把自己的观点强加于人。

我们都是人,和其他生物不一样。最大的区别就是每个人有自己的想法,每个人应该被允许表达自己的想法,这是人应有的权利,这是人的天性。

根据霍夫斯泰德的调查,中国的得分是10分,在亚洲得分最低。中国是一个典型的群体主义国家,群体比个人重要得多。很多例子可以说明这一点。比如,别人买什么我也买什么;别人做什么我也应该做什么;别人拥有的,为什么我没有?

最近年轻人的倾向是什么?我发现有的人戴眼镜框,但是没有眼镜片,他们戴这样的眼镜要到什么时候?可能一年,直到一个"重要的人"说这样不好看,不流行了,而且看起来笨笨的,那时别的人就会跟着他,少数服从多数,很快就没有人戴那种没有镜片的眼镜了。

第六讲 群体主义与个人主义

个人从属于某一个集体让他感觉强大,给他安全感。作为社会大家庭的一员,他会得到很多的帮助,这是最大的好处。不过,我认为负面影响可能更大。随着中国的不断发展,中国变得越来越强大,这是事实。可是如果没有充分的自由,个人能满意吗?个人能有丰富的生活吗?我认为总是按照群体的规则生活,到老的时候身体不好躺在床上可能会想:我一辈子遵守群体的规则,在制度中我是最好的蚂蚁之一,我真是一个好人,可这样的生活并没有让我自己满意。

中国人习惯了服从,这样的话创造力就会慢慢地消退。大部分人不敢表达自己的兴趣和看法,这会给国家发展带来很大的负面影响,特别是对经济,因为这种行为习惯会使中国经济落在许多发达国家的后面。

【作业】

重视群体而轻视个人和重视个人而轻视群体各有什么利弊?比较中国和你们国家的异同。

【扩展学习线索】

段晓芳、郭增卫 霍尔高低文化语境理论的现实阐释——解读"中国式过马路"现象,《石家庄铁道大学学报》(社会科学版)2013年第4期。

管 健 从"扎堆"奥运看国民心态,《人民论坛》2008年第17期。

潘一禾 《超越文化差异:跨文化交流的案例与探讨》,浙江大学出版社,2011,175—189。

王小章主编 《中国社会心理学》,浙江大学出版社,2008,

217—244。

翟石磊 "我"还是"我们"——中美文化模式下的集体主义与个体主义跨文化批判研究,《哈尔滨学院学报》2010年第7期。

张岱年、方克立主编 《中国文化概论》,北京师范大学出版社,2015,312—317。

【跨文化交际知识窗】

群体文化

群体是构成社会的单位,因其在地域、历史、生活方式、价值观念、世界观等诸方面的共有共享,其组成成员必然形成共同的文化,这种文化就是群体文化。群体文化一般具有两个突出的特征:第一,具有相同的世界观和价值观,这种观念具有长期的稳定性,一经形成,就不易改变。第二,群体文化会塑造相似的民族性格。民族性格是以某一民族群体文化的世界观和价值观为基准的,并与其一起构成某一民族的深层文化结构,对交际行为起着支配和约束的作用。

作为群体中的个体,很自然会表现出一定的群体倾向,而这种倾向使其在与其他群体的交际中显示出差异,并对交际产生或大或小的影响。因此,全面地了解不同的群体文化有助于跨文化交际的顺利进行。

第七讲

礼貌与礼仪

【跨文化问题导入】

- 当你有别的约会正要出门时,来了一位客人。这时,你应该怎么办?
- 当一个不太熟悉或十分熟悉的朋友请吃东西时,你怎么办?
- 如果去一位朋友家做客,应该怎么对待朋友的家里人?
- 去朋友家吃饭时带的礼物常常是送给谁的?
- 当一个中国人表示他的水平不高、能力不强时,你会怎么想?
- 当你看到中国人常常摸别人的孩子的头时,你会怎么想?
- 2013年修订公布的《中华人民共和国老年人权益保障法》第十八条规定:与老年人分开居住的家庭成员,应当经常看望或者问候老年人。你们国家的法律有这样的规定吗?

【案例】

换铺位

某大学一群留学生坐火车外出旅游,年轻人动作快,先占据了卧铺车的下铺、中铺,60多岁的汉森有点儿吃力地爬到了上铺。带队的刘老师见状,就动员躺在下铺的20多岁的彼得跟汉森调换一下铺位,可是彼得很不高兴:"为什么让我把下铺换给汉森?这很不公平!"汉森听到刘老师动员彼得跟他换铺位,也非常生气,坚决不换,还大声说:"你真没礼貌!"刘老师非常尴尬,心里非常郁闷。

"错误"的翻译

  中国的德语翻译和司机送一位德国人去外地的一家公司。司机对路线不太熟悉,走了一些冤枉路,耽误了半个多小时。在中国人看来这算不上什么大事,但这位德国人很不高兴,认为司机很不专业。到达目的地后,下车结算时,德国人抱怨了一句,很显然是对司机表示不满。司机问翻译德国人说的是什么意思。在工作已经结束,抱怨也无法改变结果的情况下,为了避免产生不必要的麻烦,翻译觉得没有必要把德国人说的话按原意翻译给司机,于是便说:"他说你辛苦了。"司机听了很高兴,并主动过去跟德国人握手道别。

【文化专题】

■ 中国人的礼貌与礼仪

  中国人注重礼貌和传统礼仪,总括起来包括以下八个方面:

1. 虚心谨慎

  中国传统社会是一个注重道德、礼法的社会,它要求人,尤其是受过一定教育的读书人,要虚心谨慎,向别人学习。不要因为自己有一点儿成绩就到处炫耀、显摆,更不要信口开河地发表议论,要永远记着"人外有人,天外有天""一山更比一山高"的道理。读书人学到知识以后更应该严格要求自己,使自己成为其他人效仿的榜样。与有知识相比,读书人更要注意自身的道德修养。中国传统社会的道

第七讲　礼貌与礼仪

德要求读书人应该是社会的栋梁之才和道德模范。他们应该尊老爱幼,参与对家庭和社会的管理,在国家需要的时候,随时准备为国家效力,这就是孔子所说的"修身,齐家,治国,平天下"。这同样也是现代对知识分子和一般受过教育的人的要求。

2. 官民互爱

中国人的传统礼俗要求老百姓服从官员的领导,尊重官员要像尊重自己的父母一样,因此,人们常常把地方的行政长官称作"父母官"。而从另一方面来看,中国文化也要求官员爱护、关心老百姓,在老百姓有困难的时候真心实意地帮助他们排忧解难,把老百姓当作自己的子女那样对待。因此,中国人评价一个让老百姓满意的官员时,常说他们"爱民如子"。从上到下,官民关系就相当于家庭中的父母和子女的关系,互相爱护和关心,形成一种团结和谐的良好社会氛围。

3. 尊老敬老

中国自古以来就很讲究优先制度和社会等级,这像一张无形的网罩在人们的头上,既看不见又摸不着,但人们却切切实实地感受到它的存在,并习以为常。例如,中国是一个尊老敬老、重视孝道的社会,国家制定了专门的法律《中华人民共和国老年人权益保障法》,提倡与老年人日常生活密切相关的服务行业为老年人提供优先、优惠服务,各种公共交通为老年人提供优待和照顾,规定与老年人分开居住的家庭成员,应当经常看望或者问候老年人。由此推演开来,后辈尊重前辈、学生尊重老师、下属尊重上级等也都是顺理成章的了。

4. 诚实真心

在道德层面上,中国人的礼俗要求做人要诚实,对别人要有真心。在和别人交往时,中国人常常喜欢说"以诚相待""将心比心""以心换心"等。商人要讲信用,对顾客"童叟无欺",要客气、和气才能生财。

5. 中庸之道

中国人的礼俗还强调中庸之道,认为过犹不及。中国人在待人接物或处理社会问题时不喜欢走极端。如果某人做错了事,他自己意识到自己错了,并且愿意改正,那么就不用再批评他,让他下不来台,给他留个面子,他会非常感激你。西方人常说中国人不喜欢说"不",从表面上看是这样。其实在多数情况下,中国人不必把"不"说出来,他们可以用许多方法来委婉曲折地表达"不"的意思。

6. 含蓄谦虚

中国人很讲究含蓄和谦虚,不愿意显露自己的才能,一般人即使有了高明的主意也并不喜欢炫耀,在别人面前总是谦虚地说自己不行,把自己放在一个很低的位置,同时,把别人放在相对比较高的位置。所以,与中国人相处时,当中国人谦虚地说自己水平不行、能力不够之类的话时,不用太当真;同样,当他们恭维你时,你也不要得意忘形,有时那也只是客气话。

7. 重信守诺

中国人很注重一个人的信誉和诺言。这种承诺不是西方人的那种写在纸上的合同或契约,而是口头承诺。中国人常说"一言既出,驷马难追""一诺千金",这些都强调了口头承诺的重要性。一个人如果违背了自己的诺言,说话不算数,就是"食言"。食言的人会被人鄙视,如果积习不改,将会失去朋友的信任。

8. 知恩图报

中国人有着浓厚的报恩观念。"知恩图报""滴水之恩当涌泉相

第七讲　礼貌与礼仪

报""知恩不报是小人"等都是耳熟能详的熟语。得到了别人的帮助，当然要表示感谢，但这还远远不够，一定要寻找机会报答别人，否则自己心里会不安稳。如果不但不报答，反而反过头来害别人，那将会被所有人鄙视。"忘恩负义""恩将仇报"等是中国人对人的一种非常强烈的谴责，古代故事《中山狼传》也是这一思想的生动反映，讽刺那些受人恩惠反以仇恨相报、良心泯灭的小人。

需要说明的是，中国人所说的"礼貌"，往往带有谦恭的成分，人与人之间讲究礼貌，既是一种亲近的表示，也是一种客气的态度。我们看到，在面对亲人、同事、朋友特别是领导的时候，人们往往表现得恭敬谦和、礼貌有加。因为有了一层特殊的关系，大家才注意相互帮助、相互照顾，久而久之，养成了习惯，成为约定俗成的"规矩"。这跟我们在"人情与关系"中所讲的内容密切相关，礼貌和礼仪更多地体现在与自己有人情、有关系的人身上。相比而言，英语中的"courtesy"（礼貌）一词，更强调的是动作、行为和原则，是日常生活中人与人相互往来时尊重对方的一种必要的形式。别人帮了你的忙，当然需要道一声"谢谢"；给人家添了麻烦，理应表示歉意，说句"对不起"。这几乎是无须强调的自然的反应。看来，"courtesy"与汉语的"礼节"一词或许更为相似。

谦敬礼仪用语[①]

与人相见说"您好"，分别时候说"再见"，问人姓氏说"贵姓"，答己姓氏说"免贵"，问人住址说"府上"，自己住家说"寒舍"，仰慕已久说"久仰"，好久不见说"久违"，向人询问说"请问"，

---

① 根据网络资料改编。

问人做啥说"贵干"，请人帮忙说"劳驾"，向人求教说"请教"，
请人指点说"赐教"，请人协助说"费心"，求人办事说"拜托"，
请给方便说"借光"，麻烦别人说"打扰"，答人问候说"托福"，
是否合适说"冒昧"，请改文章说"斧正"，读人文章说"拜读"，
送人著作说"惠存"，请人收礼说"笑纳"，得人帮助说"感谢"，
接受好意说"领情"，婉辞馈赠说"心领"，表演技能说"献丑"，
答人赞扬说"过奖"，请人任职说"屈就"，暂时充任说"承乏"，
向人祝贺说"恭喜"，回人祝贺说"同喜"，祝人健康说"保重"，
问人年龄说"贵庚"，答己年龄说"虚度"，老人年龄说"高寿"，
希望照顾说"关照"，赞人见解说"高见"，言己意见说"拙见"，
听人发言说"聆听"，归还物品说"奉还"，对方来信说"惠书"，
需要考虑说"斟酌"，身体不适说"欠安"，请人谅解说"包涵"，
无法满足说"抱歉"，认人不清说"眼拙"，向人表歉用"失敬"，
对人有愧"对不起"，慰问他人说"辛苦"，看望别人说"拜访"，
请人赴约说"赏光"，迎接客人说"欢迎"，欢迎购买说"惠顾"，
宾客来到说"光临"，等候客人说"恭候"，未能迎接说"失迎"，
请人入座说"请坐"，陪伴朋友说"奉陪"，中途先走说"失陪"，
招待不周说"怠慢"，送人远行说"平安"，请人勿送说"留步"。

【跨文化交际提示】

- 称呼比自己年纪大的人时，一定不要直呼其名，可以在其姓后加上他的职务或职称，如"李主任""张经理""王教授"等；没有职务、职称的，可以用一些泛称，如"李先生""张师傅""王老师"等。
- 很多中国人，特别是一些上了年纪的人不一定常说"谢谢"

第七讲　礼貌与礼仪

"对不起"之类的礼貌用语,但他们会用自己的行为或身体语言来表示谢意和歉意。

- 中国人与熟悉的人打招呼时,大多不会用一般的"你好",常常根据当时的具体情况使用一些对他人表示关心的语句,如"去哪儿?""吃饭了吗?""上班去呢?""回家去?""买菜去?"等。急着赶路时,微笑一下、点点头或招招手等非语言手段也是合乎礼貌要求的。
- 中国人邀请别人一般不止说一次,别人才觉得是真的邀请,才有可能接受。
- 要分清客套话和真心话,客套话不能当真,如"欢迎来我家玩儿""以后再说吧""你看起来比你的实际年龄年轻多了"等。
- 中国人说话时,常常是抬高别人、贬低自己,所以,对于中国人说的自己不行、做得不好之类的话,不必当真。
- 到朋友家做客,给老人或孩子带点儿合适的礼物,会赢得主人全家的好感。当然礼物不要太贵重,否则会给主人增添压力。
- 去别人家做客,当主人说话不多,或者劝你喝茶、让你看看电视时,你就该告辞了。人总是在无话可说时,才让别人做一些无关紧要的事。
- 当面称赞一个女人很漂亮或很性感,在中国还是不能为大多数女性所接受,尤其是"性感"这样的词最好不要使用。

【常用熟语举例】

矮人面前莫说短/毕恭毕敬/彬彬有礼/不卑不亢/打躬作揖/恭敬不如从命/恭敬有礼/和气生财/互谅互让/己所不欲,勿施于人/敬而远之/举止得体/君子动口不动手/君子一言,驷马难追/来而不往非礼也/老吾老以及人之老,幼吾幼以及人之幼/礼多人不怪/礼让三先/礼尚往来/礼贤下士/礼仪之邦/礼义廉耻/礼之用,和为贵/你敬人一尺,人敬你一丈/千里送鹅毛,礼轻人意重/谦谦君子/却之不恭,受之有愧/绅士风度/温文尔雅/洗耳恭听/先礼后兵/相敬如宾/笑脸相迎/一诺千金/以礼相待/与人为善/长幼有序/知书达礼/尊老爱幼/出言不逊/粗暴无礼/低三下四/繁文缛节/敬酒不吃吃罚酒/目无尊长

【外国学生谈】

中国与乌克兰礼貌、礼仪的异同

乌克兰　陈汐

到中国之后,外国人会发现中国人的礼貌和礼仪的概念跟外国很不一样。这会使他们以为中国人没有礼貌,导致歧视中国人与中国文化。这种结论是很容易得到的,这么想的人也是很容易理解的,但是这种想法肯定不是全面的。谈文化时绝对不可以一概而论,特别是在礼貌与礼仪的差异方面。

为了避免上述情况,更好地理解彼此文化,我们必须仔细研究国家与国家礼貌、礼仪之间的差异。具体来说,乌克兰与中国的礼貌、礼仪的差异包括以下几个方面:

中国人特别注意谦虚、谨慎,所以中国人一般不会炫耀自己的知识和学问,也不大喜欢发表自己跟别人不同的意见。乌克兰人正好相反,如果觉得自己会些什么,知道些什么,都会直接地表现出来。相反,问一个乌克兰人会不会做什么,如果他明明会,却回答"不太会"或者"没有自信",则很不礼貌,因为别人可能需要他的帮助,他这

第七讲 礼貌与礼仪

样回答会被看成婉拒。

从另一方面来看,乌克兰人会觉得不发表自己的意见意味着对某件事情不太感兴趣。因为这个原因,很多公司的老板会特别喜欢经常发表自己意见的人,而且想办法的时候喜欢要求部下参加所谓的脑力激荡。

中国人很不喜欢说"不"这个词,如果中国人想表达"不"的意思,会说"我还要考虑考虑",甚至直接撒个谎。乌克兰人觉得直接回答是最珍贵的,因为直截了当地说出不好听的话来需要胆量,而撒谎是胆小鬼才会选择的办法。如果乌克兰人事情过后知道他听到的是假话,会非常生气,以后不会再跟说假话的人来往。

总的来说,礼貌、礼仪的异同会造成误会、阻碍交际,不理解别的国家的礼貌、礼仪的人很容易陷入尴尬的境地。为了避免发生这种情况,一定要仔细地研究国家与国家礼貌、礼仪之间的差异,切记:不管怎么样,不能因为礼貌、礼仪不同而得出这个国家的人没有礼貌的错误结论。

德国和中国礼貌、礼仪的异同

德国　何大

德国文化很重要的一个习惯就是"ladies first",就是男人和女人一起出行,应该让女人先走、先进。比如去饭馆,男人应该把门打开,等女人进去后自己再进去。男人应该做"gentleman",这是德国男人保全面子很重要的一部分;如果不像"gentleman"一样做事就会丢面子。

中国人送礼比较重视礼物的价值,这是给收礼人面子。对于德国人来说,礼物的价值并不很重要,重要的是礼物表现送礼人和收礼人之间密切的关系。

德国人重视礼貌也体现在语言方面。德国人喜欢使用敬语,一个有趣的事情是,上大学的时候,教师甚至对学生使用敬语"您",以表示师生知识水平越来越接近。汉语里使用"您"比德语少多了,一般来说,汉语里用"您"是为了尊重地位比较高的对方。

在语言表达方式上,德国人说话总是很直接地表达他们的意见。然而中国人很少直接表达意见,更避免说"不"。其中一个重要的原因是,中国是集体主义倾向的社会,为了保持和谐,不应该公开地批评对方,不要让对方丢面子。

德国和中国礼貌的内涵很不一样。在中国,礼貌用语的使用似乎主要是维护既定的关系;而在德国,礼貌好像不是调整人际关系的一种技巧,而是在社会上更上层次的一个概念(显示个人修养?)。

【作业】

比较中国与你们国家礼貌与礼仪的异同。

【扩展学习线索】

[美]阿瑟·亨德森·史密斯 《中国人的性格》,姚锦镕译,中国华侨出版社,2011,20—24。

毕继万 《跨文化交际与第二语言教学》,北京语言大学出版社,2009,113—221。

郭瑞民 《中国的礼仪文化》,安徽师范大学出版社,2012。

蒋兆凤 跨文化视角下的中西方文化差异对中国传统礼仪文化的影响,《黑河学刊》2012年第10期。

李丽梅 跨文化交际中的禁忌问题——中西方文化差异之探

讨,《济源职业技术学院学报》2004年第3期。

李庆本等编著 《中外文化比较与跨文化交际》,北京语言大学出版社,2014,181—190。

李荣建、宋和平编著 《外国习俗与礼仪》,武汉大学出版社,1996。

刘伟萍 礼貌拒绝策略对比研究,吉林大学硕士学位论文,2004。

汪凤炎、郑 红 《中国文化心理学》,暨南大学出版社,2004,126—129。

徐振亚编著 《怎样与中国人打交道》,华语教学出版社,2009。

于兴兴、郝爱娟编著 《中国人最易误解的西方礼仪》,中国书籍出版社,2012。

张 欣编著 《中国社会文化礼俗》,上海大学出版社,2000,3—90。

张亚军主编 《中华文化趣谈》,华语教学出版社,2008,53—57。

周悦娜 本是同根生——浅析汉语称谓语与中国礼仪文化的密切关系,《语言文字应用》2005年第S1期。

郭冬临、牛 莉主演 小品《人到礼到》,优酷。

【跨文化交际知识窗】

礼貌原则

礼貌原则是英国语言学家、哲学家杰弗里·利奇(Geoffrey Leech)提出来的,其含义是:在其他条件均等的情况下,尽量减少对听话人不利的说法,尽量多说对听话人有利的话。礼貌原则包括以下六条准则:(1)得体准则——尽量少表达损害他人利益的观点。(2)慷慨准则——尽量少表达利己的观点。(3)称赞准则——尽量少贬低他人。(4)谦虚准则——尽量减少对自己的赞誉。(5)一致准则——尽量少表达与别人的意见产生分歧的观点。(6)同情准则——尽量少表达与他人感情相互对立的看法。

这六条准则中,得体准则最为重要,讲的是礼貌的核心为利益均衡;谦虚准则最不重要,当它与其他任何准则冲突时,必须服从其他准则,因为它会威胁到利益均衡。

利奇将礼貌分为消极礼貌和积极礼貌。前者指的是尽量减少不礼貌的行为和程度,避免关系的不和;后者指的是尽量增加礼貌的程度,争取双方关系的一致。人际关系的协调主要依靠的是消极礼貌,而不是积极礼貌。

第八讲

家庭与夫妻关系

【跨文化问题导入】

- 下班后,家里需要做饭和照看孩子,丈夫和妻子如何安排这些事?
- 一对夫妻离婚了,别人会怎么看他们?
- 男女双方在地位差不多时结婚,婚后一方发展比较好,双方之间有了差距,发展好的一方提出离婚,别人会怎么看这个人?
- 一个家庭本来关系挺好的,后来"第三者"闯了进来,使这个家庭破裂了。人们会怎么看这个"第三者"?
- 男人负责在外边工作,女人负责照顾家庭。你认同这种观念吗?
- 周末或节日时,已婚夫妻常常回家看望自己的父母吗?

【案例】

一起吃苦的幸福时光

刚大学毕业时,晓丽做文秘,小钢干推销,每天少不了要面对上司的脸色和客户的白眼,还经常遭到莫名其妙的训斥。一次晓丽中暑了,小钢把晓丽背到附近药店,只为让她多吹一会儿空调。在药店里看来看去,磨蹭到最后只买了一小盒清凉油。第一次买房子,装修后连买床的钱都没有,朋友淘汰的床垫给了他们,他们在那上面一睡就是半年。经过多年的打拼,换了大房子,买了车。因为工作原因,他们打算明年再要孩子。

事业有成,但两人都没有被花花世界迷惑。和大多数夫妻一样,他们也会吵架,有时候甚至十天半个月都互不理睬。可是,即便是那个时候他们也会互相牵挂。他们的手机铃声都是周华健的《一起吃苦的幸福》:……就算有些事烦恼无助,至少我们有一起吃苦的幸福,每一次当爱走到绝路,往事一幕幕会将我们搂住……

离婚

李虹的老公突然向李虹坦白自己有了外遇。李虹极为震惊,她愤怒、怨恨。她不知所措,到处诉苦,朋友、同事,甚至不认识的网友,都是她诉苦的对象,她把悲伤转化为泪水。接下来,她找"第三者"谈判,找老公论战,到老公的单位找领导诉说老公的种种不是,导致老公不再愧疚,变得麻木,甚至坦然。于是,夫妻俩开始了旷日持久的离婚拉锯战。离婚大战持续了将近三年,搞得双方精疲力尽,苦不堪言,直到法庭的一纸离婚判决书下来,李虹才不得不接受无情的现实。但李虹仍不死心,她发誓:把儿子送到娘家,让那个"负心郎"永远见不到自己的宝贝儿子!

【文化专题】

■ 中国的家庭

一、中国家庭的特点

在中国传统社会里,家庭是社会制度的基础,是社会生活的核

第八讲　家庭与夫妻关系

心,是社会的基本细胞。中国传统社会是建立在血缘关系基础上的宗法社会,社会和国家以家庭为基础,在结构上放大,在功能上加强,在伦理关系上模仿与发展,所以家庭构成了中国社会结构的基石。西方社会则与此有很大的不同,相对而言,个人或个人的集合——团体在社会中的作用远远大于家庭。

进入现代社会,特别是改革开放以后,中国的家庭结构也发生了深刻的变化:传统的几代同堂的大家庭日见式微,由夫妻两人及其未婚儿女组成的小家庭(核心家庭)在大量地增加,单亲家庭、丁克家庭也有所增长,家庭的社会功能也渐趋弱化。尽管如此,家庭在中国社会中依然发挥着难以替代、不可低估的作用。

因为中国的家庭承担了诸多的功能,尤其是社会功能,如人口生产、社会和谐、安全、教育、养老、扶助等,这就对每个家庭成员提出了比较高的要求:对家庭负有不可推卸的责任和义务。只有家庭稳定,才能保证上述功能的实现,所以,稳定就成了中国家庭的一个突出的特点。在某种程度上完全可以说,家庭稳定是社会稳定的基础和保证。

中国家庭稳定的主要表现就是夫妻关系相对来说比较稳定。男女双方一旦结为夫妻,就意味着双方对家庭负有全方位的责任和义务。按照传统观念,男子成家立业,负有"齐家,治国,平天下"的责任,倘若一个男人不能把自己的家管理好,就谈不上去治理国家。不能保持家庭的稳定,将不可避免地会承受社会和自身心理的双重压力:社会舆论会认为他把家庭弄得一团糟,他是生活的失败者,把国家公共事务交给这样的人,大家不放心;他自己内心也会因为生活上的挫败而备感沮丧,精神压抑。中国的女性深受"从一而终""嫁鸡随鸡,嫁狗随狗"的传统观念的影响,婚后会全心全意地经营和维护自己的家庭,双方的这种责任感自然也有利于家庭的稳定。

二、中国家庭的夫妻关系

在过去的封建大家庭制度下,居于家庭结构最上层的是家长(一般为男性),他对外代表整个家庭,对内意味着权威和权力。在家长的统治下,家庭成员实行"男女有别,长幼有序"的内在制度规范,"父为子纲,夫为妻纲"。在这样的社会里,夫妻之间是不平等的,妻子是丈夫的附属物。夫妻关系并不是家庭关系中最重要的关系,甚至不如父子关系重要。

进入现代社会,婚姻趋向自主,家庭关系趋向民主化,以夫妻为中心的核心家庭制度在中国深深地扎下了根。尤其是在城市的家庭中,夫妻关系已然成为家庭关系中最重要的关系,夫妻之间由主从关系变成了平等关系,主要表现在:经济地位平等、同工同酬,民主决定家庭事务,共同分担家务,拥有各自独立正常的社交活动,拥有平等的受教育的权利和机会,等等。随着社会的不断发展,中国家庭的夫妻关系会步入良性发展的轨道,真正民主、平等、和谐的夫妻关系已经形成并逐步巩固。

三、中国家庭的代际关系

在西方大多数国家,儿女成家后大多会选择离开原生家庭单独生活,跟父母之间来往也不怎么密切,有点儿类似于客人之间的关系,因此,代际关系也就显得相对单纯一些。而在中国,代际关系则不那么单纯。在中国的父母看来,儿女虽然长大成人、结婚成家了,但不管怎么说,毕竟还是自己的孩子,所以,自己有责任继续帮助、关心他们,为他们排忧解难。除了生活上尽量照顾儿女以外,还为他们

第八讲　家庭与夫妻关系

的工作、住房等操心；儿女生了孩子以后，还心甘情愿地帮助他们带孩子；儿女经济上紧张或者需要花巨款购置东西的时候，父母也会给以经济上的支援。

中国自古以来就是一个讲究"孝道"的社会。作为儿女来说，虽然已经建立了自己的家庭，但仍然应该孝顺父母，尊敬老人，关心老人生活的方方面面。当父母的意志和自己的意志发生冲突的时候，在可能的情况下，尽量顺从父母的意愿。照顾老人也是儿女应尽的义务，凡是轻慢或不照顾老人的行为会受到社会舆论和道德的谴责。"家庭成员应当关心老年人的精神需求，不得忽视、冷落老年人。与老年人分开居住的家庭成员，应当经常看望或者问候老年人。"（见2013年修订的《中华人民共和国老年人权益保障法》）由上可见，中国的儿女和父母的代际关系可谓"形散而神不散"，互相之间仍然保持一种互相关心、彼此依赖的紧密联系。这也体现了中国社会人情味浓厚的一面。这对促进社会的和谐与稳定具有积极的作用。

【跨文化交际提示】

- 中国已婚的人对异性朋友的话题是比较敏感的，最好不要在已婚的人面前过多地谈及他（她）的异性朋友，尤其是他（她）的妻子（丈夫）在场的情况下。
- 受传统观念的影响，中国家庭中大男子主义的思想还是或多或少地存在着，谈话时还是要尽量给男人留面子。
- 在中国的家庭中，老人和孩子占有非常重要的位置，关心朋友家的老人和孩子常常比直接关心朋友本人更能获得朋友的好感。

- 在中国人的心目中,家庭占有极为重要的地位,很多人,特别是女人结婚生子以后,经常谈论与家庭有关的话题,即使在工作单位里也是如此。

【常用熟语举例】

百善孝为先/比翼双飞/不打不成材/不听老人言,吃亏在眼前/不肖子孙/不孝有三,无后为大/儿行千里母担忧/夫唱妇随/夫妻同心,其利断金/夫妻无隔夜仇/狗不嫌家贫,子不嫌母丑/患难夫妻/家和万事兴/家有千口,主事一人/家有一老,如有一宝/家长里短/结发夫妻/劳燕分飞/女儿是妈妈的小棉袄/破镜重圆/妻贤夫安/亲兄弟明算账/清官难断家务事/情投意合/如胶似漆/少年夫妻老来伴/四世同堂/天上下雨地下流,小两口儿打架不记仇/同床共枕/忤逆不孝/孝顺孝顺,顺才是孝/兄仁弟悌/养不教,父之过/养儿方知父母恩/养儿防老,积谷防饥/一个成功的男人的背后,总有一个默默奉献的女人/一日夫妻百日恩/有其父必有其子,有其母必有其女/长兄为父/知冷知热是夫妻

【外国学生谈】

中韩两国家庭夫妻关系的比较

韩国　白恩儿

历史上,封建社会等级制度在中韩两国国民心中可谓根深蒂固,在此影响下,中国、韩国的父权家长制度和封建道德规范使男女关系逐渐演变为男尊女卑的不平等关系。这种等级秩序在家庭内部表现得更为明显。在封建社会,妇女没有社会地位,夫为妻纲,妇女只能服从和依赖丈夫。即使丈夫死了也不准改嫁,因为她们被要求从一

第八讲　家庭与夫妻关系

而终。男子却可以三妻四妾。

令人欣慰的是，进入现代社会以后，中国已经发生了翻天覆地的变化，中国女性的地位明显提高了，家庭夫妻关系也告别了以往的模式。韩国也是如此。在此，我简单介绍韩国与中国的家庭夫妻关系的不同之处，并就如何处理夫妻关系谈谈自己的看法。

在中国家庭，从男女角色来说，夫妻关系是平等的。我来中国以后看到的第一件令我惊讶的事情就是丈夫买菜甚至做饭，更令我惊讶的是这种情况居然非常普遍。我想这主要是因为中国的夫妻一般两人都工作，所以他们认为平等分配家务是合情合理的。然而在韩国却不然。韩国的传统思想是男人在外工作养家，女人在家里操持家务并照顾孩子，夫妻双方各司其职，这是韩国典型的男女角色定位。但是，随着经济的发展和西方文化的影响，韩国人的意识也在一定程度上有了改变，不过还有相当一部分人仍保留着传统思想。

韩国传统家庭是以家长制为主。家长制家庭一般都是几代同堂，家长掌管"大权"，重大事务一般都由家长说了算。在传统家庭，男女的角色是固定的，并且家庭不是以个人而是以家庭整体为中心。个人的利益和权利不能优先于家庭的利益。现在的韩国，越来越多的人正在慢慢地摒弃传统的封建家长制，但习惯并不是那么容易改变的。所以要从根本上改变韩国人的思想任重道远。

我们应该如何处理夫妻关系呢？首先，应该承认男性和女性的差别，并且要认识到这种差异是正常的。倘若不了解这一点，就极易产生误解。其次，要相互尊重，相互理解，共同解决出现的矛盾。夫妻关系应当基于彼此的信赖，这样才能构建幸福美满的家庭，进而促进和谐社会的形成。

【作业】

- 谈谈你们国家家庭和夫妻关系与中国的异同。
- 讨论：怎样的夫妻关系才是合理的？

【扩展学习线索】

何兹全　《中国文化六讲》，河南人民出版社，2004，9—29。

胡　亮　由传统到现代——中国家庭结构变迁特点及原因分析，《西北人口》2004年第1期。

蒙　晨编著　《中西方家庭比较》，科学普及出版社，1991。

石金群　《独立与依赖——转型期的中国城市家庭代际关系》，社会科学文献出版社，2015。

司　亮　中美现代城市夫妻关系之比较研究，《洛阳工业高等专科学校学报》2006年第2期。

汪凤炎、郑　红　《中国文化心理学》，暨南大学出版社，2004，136—140。

易中天　《闲话中国人》，上海文艺出版社，2006，175—200、214—219。

翟莹莹、韩　芳　中西家庭内部成员礼仪的差异，《牡丹江大学学报》2007年第7期。

梁家辉、蒋雯丽主演　电影《刮痧》，腾讯视频。

赵本山、范　伟、高秀敏主演　小品《送水工》，优酷。

第八讲　家庭与夫妻关系

【跨文化交际知识窗】

第三种文化

第三种文化的概念是由美国学者卡莱·多德(Carley H. Dodd)提出的,指的是一种由交际双方共同创造的文化环境。它并非指交际双方都放弃原来自己所属的文化,把双方的文化融合为一种新的更高层面的文化,而是指在交际的环境下,双方共同寻找相同点,互相建立信任,努力适应一种共创共享的新文化。

第三种文化建立的三个主要原则是:第一,交际双方互相都有正面、积极的态度,并抱有信心。第二,承认并理解不同文化之间在价值观、行为规范等方面的差异。第三,努力使自己的行为融入新的文化环境中。这三个原则实际上构成了跨文化交际能力。

第九讲

婚俗文化

【跨文化问题导入】

- 你们了解中国人的婚俗特点吗?
- 你们国家的婚礼是简单还是复杂?
- 你们国家的婚俗是以传统的为主还是以现代的为主?
- 一般年轻人对自己国家传统婚礼习俗了解吗?感兴趣吗?
- 很多现代青年结婚时不举办婚礼,把举办婚礼的钱用来旅游度蜜月,你认可吗?你认为婚礼重要吗?
- 如果你和一个外国人结婚,你会选择按照对方国家的婚俗举办婚礼,还是坚持按照自己国家的婚俗举办婚礼?

【案例】

婚礼与面子

据BBC报道,现在,中国已经成为亚太地区主要的钻石消费国,其中很大一部分是用来做订(结)婚戒指的。戒指还仅仅是开始,中国人结婚时会摆酒,摆酒的开销更大。比如说请了200位宾客,现场布置了20张桌子,那就要花费大概12 000美元。新人希望菜肴酒

第九讲　婚俗文化

水丰盛,高端上档次。双方父母更是如此要求,他们会请来所有的亲朋好友。结婚是一件事关面子的大事,一场婚礼里面有很多隐性开销是无法避免的。

据美国媒体报道,对中国很多年轻人来说,婚礼是炫耀财富和身份地位的绝佳机会,同时,举办婚礼也是为了遵守传统习俗。一位婚礼服饰设计师说,很多准备举办婚礼的年轻人不要廉价的材料而喜欢奢华的丝织品。"过去,人们常常租用结婚礼服,或买一件便宜的结婚礼服,因为只穿一次。但现在的年轻人想法完全不同。因为这是一生当中仅有的炫耀机会,他们对结婚礼服的质量和款式相当在意。"有人说,北京人花在结婚上的平均费用大约有 50 000 元人民币,实际情况很有可能会比这个更高。

草坪婚礼和旅行婚礼

近年来新兴的"草坪婚礼",是一种来自西方的婚礼模式,时尚而又浪漫,深受年轻人的青睐。它不像酒店婚礼那样程序烦琐、程式化,主宾都很随意、自由,而且还十分节俭、环保。尤其现在结婚的人很多,酒店往往供不应求,草坪婚礼不但解决了这个问题,而且别具一格。草坪婚礼花费不多,但新潮时尚,很合年轻人的口味,所以选择它的人越来越多,普通的一家婚庆公司一年一般会举办二十场左右的草坪婚礼。

旅行婚礼也是一种很不错的选择,相对酒店婚礼来说,新郎、新娘可以以较少的花费去很多地方游玩,好好享受无人打扰的二人世界。越来越多的年轻人已经意识到,结婚不是给别人看的,自己的感受才是最重要的。

【文化专题】

■ 中国的婚俗

一、婚姻制度

结婚是人生最重要的大事之一,在中国被称为"终身大事",是一个人一生的幸福所系。结婚又叫成亲或成家。按照中国传统习俗,结婚以后女方就成了男方的家庭成员了,所以,对男方来说,"娶妻"就是"娶进来";对女方来说,"嫁人"则是"嫁出去"。这也反映了中国传统社会男尊女卑的观念。

中华人民共和国成立后颁布了新婚姻法,实行一夫一妻制。在中国大陆,男性和女性的法定结婚年龄分别是22周岁和20周岁。

封建社会,中国人的婚姻多数是由父母决定的,若男方父母相中了某家的女儿,就会请媒人去那家说合,这就是所谓的"父母之命,媒妁之言"。媒人先向女方父母介绍男方的情况,如女方父母同意,就给两个孩子订婚。而这两个孩子很可能互不认识,直到举行婚礼揭开红盖头的瞬间才看到对方模样。这样的婚姻被叫作"包办婚姻"。这种不合情理的婚姻制度造成了不少家庭悲剧。新婚姻法废除了"包办婚姻",提倡婚姻自主,男女双方自愿结合。当然,中国是一个尊重长辈的社会,年轻人在结婚之前,会征求双方父母的意见。现在结婚的男女双方多数是在日常工作和学习中相识相恋的,也有相当一部分人是经过别人介绍后认识的。由于生活节奏加快,生活圈子变窄,很多年轻人没有时间和机会去结识异性朋友,所以帮他们寻找伴侣的婚姻介绍所和相亲会就应运而生了。

第九讲　婚俗文化

二、婚前

在结婚之前,要拜见双方的父母,无论以前他们和对方父母是否已经认识。男方家要给女方家聘礼,俗称"彩礼",与此同时,男方父母还要给未来儿媳妇见面礼。女方父母收下了彩礼就意味着他们承认了这门亲事,男女双方就算正式订婚了。

从前,新婚夫妇住在男方家。新娘称新郎的家为"婆家",称自己父母的家为"娘家"。当然,也有住在女方家的,这对新郎来说叫"入赘",俗称"倒插门"。不过,这种现象并不多见,因为在中国古代男性中心的社会,"入赘"是让人抬不起头的事,会被人看不起。现在的年轻人独立自主、自由意识强烈,只要条件允许,他们大多选择与父母分开居住。

如今的年轻人工作以后就努力攒钱,以备结婚时使用。但是,倘若到时钱不够,父母也会帮助他们。以前,中国一般由男方准备新房(新婚夫妻居住的房子或卧室,也叫洞房),女方准备嫁妆(生活用品、床上用品、厨房用品、家用电器等)。布置新房时,在墙上贴上红色的"囍"字,这个字专用于中国人结婚,表示两个人的结合是幸福喜庆的好事。

对中国人来说,结婚一定要挑选一个"良辰吉日"。在传统社会,要请懂行的人挑选结婚日,其中有许多讲究:要考虑新人的生辰八字、属相、父母生辰、避讳等。随着社会的发展,现在人们已不太在乎这些了,但对数字还是有所考虑的,比如常常选择带有"6"(代表顺利)、"8"(代表发财)、"9"(代表长久)这些吉利数字的日子,如含有两个吉利数字那就更理想了。中国人喜欢双数,意味着"好事成双"。有的人喜欢在节日结婚,如元宵节、中秋节、"五一"劳动节、"十一"国庆节等都是人们喜欢的理想结婚日。

三、婚礼

相对于去民政局婚姻管理处登记领取结婚证书、获得法律认可，中国人更重视正式的婚礼。只有举办了婚礼，一桩婚姻才算是正式得到了人们的认可。

传统中式婚礼礼节周全，气氛喜庆热烈。

花轿是传统婚礼的核心部分，分四人抬、八人抬两种，又有龙轿、凤轿之分。除去轿夫之外，还有旗、锣、伞、扇等。一般的轿队少则十几人，多则几十人，场面颇为壮观。现在花轿已不多见。

传统婚礼上，新娘的服装为凤冠霞帔，新郎的服装为长袍马褂儿。新娘头顶红盖头，在伴娘的伴随下，由新郎通过大红绸牵着登上花车，到达花轿位置后改乘花轿。

下面介绍传统中式婚礼的流程（中国地域辽阔，各地的风俗也不尽一致）：

祭祖（新郎在出门迎娶新娘前先祭拜祖先）→**出发**（迎亲车队从新郎家出发，迎接车辆以双数为佳）→**放鞭炮**（迎亲车队在行进途中一路燃放鞭炮以示庆贺）→**等待**（喜车至女方家时，会有一男童持茶盘等候新郎，新郎赏男孩红包作为答礼后才可进入女方家）→**讨喜**（新郎手持鲜花献给房中新娘，新娘闺中密友拦住新郎不准入内。满足所提条件后才能进入）→**拜别**（新人上香祭祖，新娘叩拜父母道别，并由父亲给新娘覆上盖头，新郎行鞠躬礼）→**出门**（福高德劭的女性长辈持竹筛或黑伞护新娘至喜车）→**乘喜车**（新娘坐上喜车，车开动不久后，女方家长将一碗清水、白米撒在车后，表示嫁出去的女儿已是泼出去的水，成为别人家的人了，以后的一切再也不予过问，并祝

第九讲 婚俗文化

女儿事事有成,丰衣足食)→**燃炮**(由女方家至男方家的途中同样要一路燃放鞭炮)→**摸橘**(喜车到达新郎家,两个拿着橘子的孩子迎接新人,新娘要轻摸一下橘子,并赠红包答礼。这两个橘子要放到晚上由新娘亲自剥皮,意谓招来长寿)→**牵新**(新娘出喜车时,由男方家一位有福气之长辈持竹筛顶在新娘头上,并扶新娘进入大厅。进门时新娘绝不能踩门槛,而应跨过去)→**跨炭火盆**(新娘进门从炭火盆上跨过去,去除晦气和不吉利)→**喜宴**(中午或晚上宴请客人,同时举行观礼仪式)→**送客**(喜宴完毕后立于门口送客)→**滚床**(结婚当天,新娘还没有进洞房前,找两个五六岁的男孩到婚床上打滚儿,从床脚滚到床头,再从床头滚到床脚,滚三个来回。滚过之后,男方家主事人给两个小男孩赏钱。滚床的小男孩一般是男方亲戚家的孩子)→**闹洞房**(新婚之夜新人在新房接受亲友祝贺、逗趣)。

随着社会的发展和进步,中国的婚礼风俗也发生了一些变化,引进了一些西方婚俗(如穿白色婚纱等),有的环节(如"摸橘"等)被省略了。有些不文明的行为,如"闹洞房"时过分的行为不再被人们所接受。有的年轻人勇于打破常规,不再按传统的方式举办婚礼,而是选择旅行结婚。

四、新婚饮食

中国婚礼的饮食也颇有一些讲究。新娘在赴新郎家之前,需由专人将事先在新娘家擀好的生面条(盛于碗中,再加一双红筷子,一起放进一个盆里,用红布包好)随喜车一起带到新郎家,然后在新郎家稍微煮一下马上就捞出来(不能煮熟),给新娘吃。新娘象征性地吃一口,由一个小男孩问新娘"生不生?",新娘要回答"生"。在汉语里,表示"没有煮过或煮得不熟"的"生"和表示"生育、出生"的"生"是同形同音词,这里是利用谐音,表示"生孩子(男孩)"的意思。

在一些地方,新人要喝用枣、花生、桂圆、莲子做成的汤,意在让新郎新娘早点儿生孩子,因为"枣生桂子"与"早生贵子"的读音相同。在有些地方,还把枣、花生、栗子直接撒在婚床上,也是谐音"早生子"。

在婚礼上,新郎新娘要喝交杯酒,具体做法是:新婚夫妻将手臂互相交叉缠绕,一起饮尽杯中酒。这除了表示夫妻之间关系亲密以外,还有夫妻"合二为一"的含义。

参加婚宴的人都会得到喜家发的象征着婚姻甜蜜幸福的喜糖,大家分享新婚夫妻的甜蜜。中国人说的"吃喜糖"就表示"结婚"的意思。

有些地方还有婚宴上的鱼不吃完的风俗,需要留下鱼头、鱼尾和中间与头尾相连的鱼骨,"有头有尾"预示着新婚夫妻永远幸福。

【跨文化交际提示】

- 如果你是新婚夫妻的好友,他们一般会邀请你参加他们的婚礼,并给你发请柬。
- 参加婚礼,一定要在请柬上写明的时间之前赶到,并在指定的座位就座,迟到或乱坐都不合适。
- 参加中国传统婚礼最好穿正装或套装,同时要注意一些忌讳:不要穿黑色或白色的;颜色、款式尽量避免同新郎新娘撞衫。
- 参加婚礼时不能空着手去,要准备包着礼金的红包,礼金数额视你和新人的关系而定,但要注意中国人对数字的忌讳。
- 使用器具时要小心,婚礼上忌讳有人打破东西。

第九讲　婚俗文化

- 新人敬酒时要体谅他们的难处（他们要敬很多人酒），酒杯碰一下即可，不一定非要他们干杯不可。
- 闹洞房虽然增添喜庆气氛，但一定要把握好度，尽量不要让新人难堪。
- 送新婚朋友礼品（红包除外），不要带到婚礼现场，最好在婚礼前或后送给他们。

【常用熟语举例】

白头偕老/百年好合/百世修来同船渡，千年修来共枕眠/洞房花烛夜，金榜题名时/父母之命，媒妁之言/花好月圆/佳偶天成/金玉良缘/捆绑不成夫妻/郎才女貌/良辰吉日/两相情愿/乱点鸳鸯谱/门当户对/明媒正娶/男大当婚，女大当嫁/女大三，抱金砖/千里姻缘一线牵/强扭的瓜不甜，强求的姻缘不长/山盟海誓/天赐良缘/天生一对，地造一双/天缘巧合/天长地久/天作之合/喜结连理/永结同心/永浴爱河/有情人终成眷属/在天愿为比翼鸟，在地愿为连理枝/早生贵子/珠联璧合

【外国学生谈】

美国流行的传统婚礼

美国　周泽希、尹洙贞

美国人的婚礼仪式大多来源于欧洲的传统。欧美的婚礼仪式受基督教的影响形成。婚姻在欧美人眼里是男女对上帝许下的诺言，这种观念根深蒂固。

按传统的习俗，结婚之前男方需要向女方求婚。随着社会的进步，男女平等的观念早已经在人们的脑子里扎下了根，女人向男人求

婚也不再是稀奇的事情。求婚时，男人单膝跪地，举着戒指向女方求婚。求婚戒指这种珍贵的东西1938年才开始流行。那时候，美国处于经济大萧条的时期，钻石的价格降低了，所以戴·比尔斯（De Beers），一个钻石业的卡特尔，通过有创意的广告，利用这个机会来劝美国消费者将钻石求婚戒指加入婚礼的过程中。

婚礼前的一天，男女双方要分开，并与最密切的同性朋友疯狂派对，享受人生中最后的单身日子。派对疯狂的程度有时甚至会导致婚礼后新郎新娘之间的矛盾。

举行婚礼时，新娘要穿纯白的婚纱。白色象征纯洁。新娘的父亲把女儿送到新郎身边，她后面有几个"撒花女童"跟着一路撒小花。一个小男孩捧着一个枕头，枕头上放着一个戒指，跟在"撒花女童"身后。新郎在教堂的前面等待新娘，两侧有伴郎和伴娘。伴郎、伴娘的由来是这样的：在很久以前，男人结婚是需要去抢女人的，而男人一个人无法完成这项"艰巨"的任务，所以就请他最勇敢的好朋友帮忙，这个人就是伴郎，所以伴郎又被称为"最好的人"（best man）。举行婚礼的时候，有些邪恶的鬼会出来捣乱，穿着和新娘大致一样的衣服的伴娘可以迷惑这些鬼，从而保护新娘。

婚礼由牧师主持。新郎新娘跟着牧师宣誓，承诺永远相爱。牧师会问参加婚礼的人有没有人对这门婚事有不同意见，很少会有人提出异议。然后，牧师让新郎掀起新娘的面纱，双方互相亲吻。在婚礼上，新郎新娘还要互相交换钻石戒指。戒指是彼此相爱的象征，是没有起点也没有终点的圆圈，代表永恒的爱。钻石象征爱情纯净透明，纯金象征爱情比金子还坚硬。

正式的仪式结束以后，有的新人选择马上去度蜜月，有的则会先开派对，然后去度蜜月。派对上人们品尝婚礼蛋糕、喝酒、跳舞……

第九讲　婚俗文化

跳舞环节由新婚夫妇跳第一支舞。派对结束后,他们去度蜜月。出门前,新娘会背对大家,将花束往后扔到现场的单身女人群里,谁接到花束就意味着谁会找到自己的幸福伴侣。

在美国,蜜月之旅的首选地一般是拉斯维加斯、夏威夷,国外选择较多的国家为墨西哥和巴哈马。

美国人参加朋友的婚礼不送礼金,而送实用的礼物,如新的小电器或房间的装饰品。婚礼的费用一般由新娘的父亲负担。

美国人的婚礼大多在教堂里举行。不过,在房子后面的草坪上进行简朴婚礼仪式的也不少。

泰国婚礼习俗

泰国　李天爱、雷震霆、黄陵君

传统的泰式婚礼大致有七大环节:

迎亲　新郎和他的亲朋好友在结婚当天一大早带着礼品,排成迎亲队伍向新娘家进发,沿路载歌载舞,热闹非凡。金盘子上放着很多贵重的物品和代表如意的食物,如礼金、戒指、香蕉、椰子、九种泰式传统甜点等。在新娘家门口,新郎接受考验:姐妹们列成金门、银门等九道门(取"长长久久"之意),新郎备足红包,用红包"敲"开每一道门,红包不足的话,姐妹们是不会让新郎接走新娘的。姐妹们有时候也会设计一些其他的考验,如要求新郎大声地对新娘说"我爱你!"。

接受礼金,戴戒指　新娘家收下礼品并摆放好,新郎的长辈会跟新娘的长辈对礼金和礼品进行说明,把已准备好的礼金放在花盘里(新娘家会简单地数一下),这表示新郎和新娘在一起之后会钱财滚滚来,有财又有福。双方长辈会在礼金上面撒豆子、白米、花瓣、银纸、金纸。新娘的妈妈把礼金包好。接受礼金之后,就是交换戒指,双方交换戒指之后,新娘会拜新郎一下,表示感谢。

拜堂 拜堂意味着一对新人正式成为彼此的另一半。一对新人双手合十在父母的脚前跪拜三次,表示尊敬。双方长辈会送给新人一些小礼物或者小红包。

佛教仪式 早上请僧人到举办婚礼的地方来念经,新郎新娘给僧人盛上食物,然后做一些佛事。

戴双喜纱圈,为新人淋圣水 新郎新娘身穿传统民族服装,坐在椅子上,由长辈帮新人戴双喜纱圈,并在额头上点三个白点,表示新娘出嫁后会有好运。然后亲戚朋友轮流给他们的手淋圣水,表示祝福,希望他们婚姻幸福,永远快乐。这个环节大约需要一小时左右。

晚会宴席 傍晚时举办婚礼宴会。新郎和新娘一般都穿西式婚服,新人和他们的父母会上台向来宾致谢,并赠来宾礼物。新人一起切蛋糕,新娘还要把花束抛出去给来宾抢,最后新人和来宾一起吃饭喝酒。

入洞房 新娘在定好的吉时被送到新房交给新郎。在送往新房前,新娘要先跟父母长辈告别,父母长辈会送上祝福。新娘的妈妈亲自把女儿交给新郎,并叮嘱新郎好好照顾新娘。

为取个好兆头,以求将来夫妻可以幸福地度过一年又一年,通常会找一对"好好夫妻"来帮新人安床,相信"好好夫妻"会给新人带来好运,永远相爱,白头到老。

这一切结束后,新郎新娘就可以进入洞房,新的生活就算正式开始了。

【作业】

介绍你们国家的婚俗文化。

第九讲　婚俗文化

【扩展学习线索】

　　侯菁钰　中西婚俗文化之异同,《鄂州大学学报》2015 年第 2 期。

　　蒋艳春　跨文化视角下中西方婚姻文化研究,《海外英语》2015 年第 7 期。

　　徐明月　《中国婚俗文化》,外文出版社,2013。

　　殷雪征　韩国传统婚俗中的"中国元素",《民俗研究》2015 年第 3 期。

　　张秋颖　中日婚俗文化比较研究,《商》2015 年第 49 期。

　　周丹迪、岳书法　浅析近代以来中国婚嫁民俗的演变,《文化学刊》2012 年第 1 期。

　　义德—启明星影视　《福州婚礼摄像——经典中式婚礼》,优酷。

【跨文化交际知识窗】

文化休克

　　文化休克的概念是由美国人类学家卡尔维罗·奥博格(Kalervo Oberg)提出来的,译自英文"culture shock"。初到异国他乡的人,由于脱离了自己生长的本土文化环境,突然置身于完全陌生的异文化环境中,由此产生了心理和生存的困境,这被称作"文化休克"。文化休克的主要表现为不知所措、惶恐不安、异文化抗拒、留恋母国文化等。语言不通、性格内向与交际困难会加剧这一状态,严重的甚至会导致生理病态,致使身体出现各种不适症状。

　　文化之间的差异愈大,文化休克往往愈严重,如东方文化和西方文化之间的差异很大,这很容易使初到西方的中国人和初到中国的西方人产生文化休克。文化休克是进入异文化环境时所不可避免的一个过程。如能主动调整自己去克服它,积极地去适应新的文化环境,就会更加有利于生活和工作。换个角度看,文化休克也可以说是在异文化环境下对外来者的一种锻炼。

第十讲

餐饮文化与饭局

【跨文化问题导入】

- 作为主人,你正式邀请五个人吃饭,怎么安排座位?点几个菜比较合适?菜品怎么搭配?
- 同事聚餐,坐在你旁边的同事吃得不多,你怎么劝他?
- 请客吃饭时,怎么理解主人说的"没什么好菜"?
- 主人或你旁边的人用自己的筷子(非公筷)给你夹菜,你应当说什么?你怎么评价这种方式?
- 在你们国家一般什么情况下喝酒?喝酒一般喝多久?
- 在一个单位的酒宴上,你先向谁敬酒?
- 在酒宴上有人来向你敬酒,而你不想喝或喝不下了,你怎么办?
- 如果你是主人,你劝不劝酒?如果劝酒,你会怎么劝?
- 在你们国家,托人办事要不要请客喝酒?如果请客喝酒,是事前还是事后?

【案例】

盛情的款待

　　暑假到了，按照校际交流协议，美国某大学东亚系的 20 名学汉语的学生，在带队老师的率领下来到中国北方某大学参加汉语强化班学习。刚到的第一天晚上，好客的主人照例安排了欢迎宴会，以尽地主之谊。在主持人致辞后，宴会正式开始。每个人的杯子里都倒满了啤酒。依照中国北方的习俗，主持人向大家敬了三杯酒，每敬一杯，他都有不同的说辞。来中国之前，美国学生听他们的老师说过，要客随主便、入乡随俗。所以，他们都老老实实地随着主持人的敬酒喝，三杯酒都是一饮而尽。因为喝得比较快、比较猛，大部分学生脸很快就变红了。他们以为这样干了三杯后就可以随意了，没想到中方参加宴会的有关管理人员和教师代表也不断地向他们敬酒，而且基本上都要干杯。最后，作为了解中国习俗的美方带队老师，也代表美方对中方的盛情款待表示感谢，并希望中方多多关照他们的学生。说完这些话后，大家仍要干杯！

　　宴会结束，每个学生差不多都干了八九杯！这些初次来到汉语故乡的美国学生算是真真切切地体验了一把中国人饮酒文化的"厉害"！当天晚上，美国学生一个个晕晕乎乎地回到宿舍后倒头便睡，一直睡到第二天八九点才醒。

外国人去中国女朋友家做客

　　24 岁的美国留学生戴维第一次到中国女朋友刘艳家吃饭。

　　圆桌上，大盘小碟地全摆满了，足足有八个菜，另外，还准备了两瓶红葡萄酒。刘爸爸请戴维坐上座，然后让刘艳坐在戴维旁边。刘

第十讲 餐饮文化与饭局

艳的姐姐也随后在刘艳旁边坐下了。刘妈妈说:"炉子上还炖着鱼呢,我去看着,你们先吃着。"戴维很真诚地说:"阿姨,菜太多了,肯定吃不了!您不用再忙了。一起坐吧。"刘爸爸对刘妈妈说:"戴维是第一次来我们家的外国客人,你就先坐下一起喝一杯吧。"大家都落座后,刘妈妈对戴维说:"不好意思,没什么好菜。你就随便吃点儿吧。"刘爸爸接着说:"你阿姨手艺一般,你别介意啊。"

家宴开始了,刘爸爸代表全家致辞,欢迎戴维来做客,并提议大家干一杯。戴维喝了一口就放下了,刘爸爸马上给他端起来说:"干杯就要一口喝光。"戴维说:"在美国,我们都是喝好几次的。好吧,我听你的。"说完就一口喝光了。大家招呼戴维吃菜,刘妈妈热情地用自己的筷子给戴维夹了一只油焖大虾,说:"这是阿姨做的拿手菜,你尝尝怎么样。"戴维好不容易才把虾夹起来,咬了一口,马上惊叹说:"哇!这个菜太好吃了!又鲜又香,咸淡也正合适。"随后对刘爸爸说:"你刚才说阿姨做菜的手艺不行,我觉得不对。我从来没吃过这么好吃的虾!"大家一听就哈哈大笑起来。

家宴在欢声笑语中进行……

【文化专题】

■ 中国的餐饮文化与饭局

一、中国饮食的主要特点

人们常说"吃在中国",中国餐馆遍布世界各地,很多外国人都是从饮食开始了解、认识中国的。

由于物产、气候、历史、饮食习惯等方面的诸多不同,在地大物博、人口众多的中国,各个区域形成了风味各异的地方菜系。其中影响最大的说法是四大菜系:川菜(四川)、鲁菜(山东)、粤菜(广东)、淮扬菜(江苏)。后来,又产生了八大菜系的说法,除了上述四大菜系外,还包括:湘菜(湖南)、浙菜(浙江)、闽菜(福建)、徽菜(安徽)。

中国饮食的特点之一是可选食材丰富,烹调方法多样。中国人的饮食原料大体上有三大类:粮食、蔬菜、肉类。由于中国天南地北有不同的物产,又从国外引进了许多植物品种,所以烹调的食材丰富多彩,为厨师大显身手提供了无限的空间。中国人常常开玩笑说:天上飞的,除了飞机什么都吃;四条腿的,除了桌子什么都吃。中国饮食食材之丰富由此可见一斑。至于中国饮食烹调方法的多样性,更是让人眼花缭乱,常见的就有炒、炸、煎、拌、炖、煮、焖、蒸、涮、烤、烧、熘、酱、腌、卤、熏、炝、氽、烩、拔丝等。这其中炒是中国最基本的、应用范围最广的一种烹调方法,它又可以细分为生炒、熟炒、滑炒、清炒、干炒、抓炒、软炒等。丰富多彩的食材与变化多样的烹调方法相结合,可以做出数不胜数的美味佳肴,历史上著名的由 108 道菜组成的中华大宴——满汉全席,就是中国各种食材和烹调方法的大荟萃。

中国饮食的第二个特点是精美。人们常说的"食不厌精,脍不厌细"就是这一特点的概括。很多人,包括外国人,把中国烹调称作艺术是毫不夸张的。中国饮食不仅讲究营养丰富,而且特别强调色香味俱全。红、黄、绿、白、黑等不同颜色的搭配,酸、甜、苦、辣、咸等不同味道的融合,再加上不同的造型,一道道色香味形俱备、美不胜收的艺术品就呈现出来了,甚至让人不舍得动筷子,唯恐破坏了这些艺术品的完美!

中国饮食的第三个特点是以粮食为主食、以蔬菜为主要副食、以肉类为辅的饮食结构。俗语云:北人食麦,南人食米。因自然条件的

第十讲 餐饮文化与饭局

差异,干旱少雨的北方主食以小麦、玉米、薯类为主,湿润多雨的南方以稻米为主。

蔬菜吃得多,肉类吃得少,这主要是与以前农耕社会以种植粮食作物为主、畜牧业欠发达的特点有关,另外,与宗教也有一定的关系。佛教禁止杀生、提倡放生,主张吃素食;道教追求长生不老,认为多吃蔬果,不吃肉食,有助于人得道成仙。

这种饮食结构在中国延续了几千年,所以,一直到现在,中国人仍然把粮食叫作主食,把蔬菜、肉类等叫作副食。当然,随着经济的发展和生活水平的提高,中国人的饮食结构也发生了比较大的变化,蔬菜、肉食的比例大幅上升,粮食的比例大幅下降。有很多人,尤其是年轻人,粮食吃得很少,肉类吃得很多。但多数比较注意养生的人还是讲究主副食、荤素菜搭配的平衡。

中国饮食的第四个特点是讲究食物对维护健康、养生的重要作用。中国传统医学有"虚则补之"一说,补虚有多种方法,药补和食补是常用的两种方法,但更强调"药补不如食补",生病了才需要"药补",平时维持身体机能健康需要"食补"。古代著名医学著作《黄帝内经》说"五谷为养,五果为助,五畜为益,五菜为充",显示了古人对各种饮食养生法的重视,迄今依然对中国人的饮食生活具有重要的指导意义。在中国古代,有"药食同源"一说,指的是许多食物即药物,它们之间并无绝对的分界线。

二、中国人聚餐的规矩

1. 安排座次

中国人聚餐通常多使用方桌或者圆桌,很少使用长方形的桌子。比较大的方桌称为八仙桌,一共可以坐八个人。在饭店办宴会大多都是圆桌。以圆桌为例，座次的安排以左为尊（以房间门为准）。正对门的座位一般是主陪来坐，主宾坐在他的右手边，副宾坐在他的左手边，副陪坐在主陪的对面背靠门的位置。若主宾身份高于主陪，为表示尊重，可以把主宾安排在主陪的位置，而主陪则坐在主宾位置。为了便于主宾双方的交流，也常常安排双方一个隔一个地坐。或者客人一方按重要程度依次坐在主宾的右手边，副宾坐在主宾的左手边，主人一方则依次坐在副宾的左手边。

2. 使用筷子

筷子古人叫箸，是东亚各国使用最普遍的餐具之一。用筷子主要有以下需要注意的事项：不要在菜盘里翻来翻去、挑挑拣拣；不要夹起菜来又放下再去夹别的；不要用舌头舔筷子；在别人夹菜时，不要从别人的手上边或下边穿过；不要用筷子、勺子等敲碗、盘、碟和桌子等；不要一手拿筷子一手拿勺子；不要把筷子当叉子插入食物中；不要把筷子当牙签用；不要拿着筷子指来点去；不要把筷子竖直地插在饭里；不要把筷子直接放在桌子上，最好放在筷子架（筷枕）上，如无筷子架则平放在自己面前的碗、碟上。

3. 点菜、劝菜、夹菜

中国人聚餐的习惯一般是大家围坐在一张桌子边，像一家人似地吃同样的饭菜，不像西方人实行分餐或自助餐。这与中国文化崇尚"有福同享""一家人吃一锅饭"的群体主义思想有关。

中国人请客时，为了表示对客人的尊重，主人一般请客人点菜，客人则表示客随主便，把点菜权还给主人。主人点菜前会询问客人的口味和忌讳，当然不可能照顾到每个人，主要还是以主宾为主，其他客人为主人考虑也不会提出什么要求。

进餐时，主人一方会不停地劝客人吃菜，否则，就有冷落客人、招

第十讲 餐饮文化与饭局

待不周之嫌。用餐的过程中,用自己的筷子给客人夹菜在过去是表示热情的很平常的一种礼节。但随着人们卫生意识的改变,现在有了很大的变化:主人在用自己的筷子夹菜之前先给客人夹菜,自己用过以后就不再给客人夹了,只劝菜,或者之后使用公筷、公勺给客人夹菜、盛饭。为了让客人能吃到离得比较远的菜,主人一般会隔一段时间把菜盘的位置换一下。现在很多饭店的大桌子上都有一个大转盘,这样就避免了换来换去的麻烦。

4. 正式用餐

上菜时不能等一道菜吃完再上一道菜,一般都是先把凉菜端上来,大家边吃边等热菜,然后等酒喝得差不多了再上主食和水果、点心。菜一般要既多又好。菜的数量一般要双数,取"好事成双"之意。宴席一般为六菜一汤,或八菜一汤,或十菜一汤。一张桌子上一般不会超过十个人,若超过十人则会选择更大的桌子,或者按人数分桌。摆放菜的时候,鸡头、鸭头、鱼头要对着主宾,比较好的或有特色的菜要摆在离主宾较近的位置,汤要放在桌子的中央。菜若是一道一道地上,则要先把菜放在主宾的面前,等主宾、主陪吃过了再换到别的位置。

开始进餐前,主陪一般要致祝酒词,向客人表示欢迎。在北方大部分地区,宴会初始,为尽地主之谊,主陪要带领自己一方敬客人三杯酒,这叫作"无三不成礼"。每一道菜上来后,都是主宾和主人先动筷子,然后其他人才能动筷子。主陪领完三杯酒以后,就轮到副陪发挥作用了。副陪一般是能说会道、酒量较大之人,宴会能否顺畅、热闹地进行下去,除了主陪,就属他的作用最大了。

按照中国的习惯,客人是绝不会把菜全吃完的,总会剩下一些,否则,主人就会感到非常没面子。当然,也不能剩下很多,否则,主人会以为客人不喜欢吃他点的菜，这同样也是很丢面子的。

5. 遵守进餐规矩

进餐时有如下需要注意的事项：第一，就餐时应该坐直，把胳膊放在桌子上或者以胳膊肘为支撑用手托着下巴都是不礼貌的。第二，咀嚼时尽量把双唇合上，不要吧唧嘴。第三，在吃自己碗里的饭菜时，不要低头把嘴靠在碗边或端起碗来往嘴里扒。第四，若菜的汤水较多，最好用自己的碗靠近菜盘夹菜。第五，不要把很多菜夹到自己的碗里，最好随吃随夹；放到自己碗里的菜最好都要吃光。第六，吃鱼时，吃完了鱼的上半部分后，最好把鱼骨取出再吃下半部分，不要把鱼翻过来，因为这样做是犯忌的：坐船、坐飞机等都忌讳"翻"。

三、中国人饮酒的规矩

中国人喜欢大家聚在一起热热闹闹地喝酒，这自然就有很多规矩需要遵守：

第一，斟酒一定要斟满杯子，表示全心全意的尊敬之意，而且一定要先给地位高的人和长辈斟酒。

第二，当主人给客人斟酒时，客人可以把食指和中指并在一起，轻轻地在桌子边上点几下，表示感谢，这叫"叩指礼"。

第三，集体干杯时，当人很多，桌子很大，与桌子对面的人很难碰到酒杯时，可以用酒杯在桌子上碰几下代替碰杯。一般称作"过电"。

第四，主人应该主动地向客人敬酒，地位低的人、年轻人应该主动向地位高的人、老年人敬酒。可以多人敬一人，但一般不可一人敬多人。

第五，别人向你敬酒时，你一定要站起来眼睛看着对方。若不碰杯，敬酒人喝多少可视情况而定，比如对方酒量、喝酒态度，切不可比

第十讲 餐饮文化与饭局

对方喝得少。若碰杯,敬酒人说"干杯!先干为敬!"后,一般会一饮而尽。这时候你也应该说"干杯!"并喝光杯中酒。若你酒量不行,喝不了,应在碰杯前就说明或请别人代你喝。不过,在多数情况下,别人敬你的第一杯酒最好还是自己喝光比较合乎礼仪,尤其对男士来说更是这样,对女士和年长者则相对比较宽容。

第六,让客人多吃多喝是主人的"责任",因此,主人会不断地让客人喝酒,这称为"劝酒"。当主人举起酒杯跟客人碰杯时,客人即使不想或不能喝了,也应该拿起自己的酒杯举到唇边,以示礼貌。在中国,北方劝酒之风远甚于南方。北方人认为,假如客人不喝或喝得不多,就是不愿意跟自己喝或看不起自己;客人如果承认主人是朋友,就应该喝光杯中酒。一些流行的俗语,如"感情深,一口闷;感情浅,舔一舔"等,就是北方人劝人喝酒时常常挂在嘴边的劝酒词。客人这时不喝的话,主人就会认为是不给他面子,双方的关系就会弄僵了,所以就不得不喝下去,不少人因此喝醉。在外人看来,这未免有点儿"强人所难",但反映了北方人的豪爽、热情、好客。相比较而言,南方人劝酒一般没北方人那么厉害,一般就是能喝多少就喝多少,绝不勉强。近些年来,北方这种"强迫"喝酒的风气大有改观,敬酒人常常会在说了"干杯!"之后,再说一句"我喝完,你随意",这显示了主人的大度。

四、中国人的饭局

"饭局"指的就是宴会或宴请活动,这个词起源于宋代,已经有一千多年的历史。"局"是棋类比赛的术语,引申出"形势、处境、聚会、圈套"等意思。"饭"本来是很平常的,一旦与"局"组合在一起,就有了些许微妙的含义,因为它已经不再表示简简单单地吃饭了,而被赋予了诸多的社会功能。

不能把所有的宴会和聚餐都叫作饭局，没有人会把家人、亲戚之间的聚会称作饭局，但除此之外的聚会称作饭局应该是没有异议的。饭局有的是朋友、同学之间的聚会。朋友或同学在一起，天南海北、海阔天空地神侃一顿，嬉笑怒骂，无所顾忌，喝得晕乎乎、醉醺醺的，过后谁也不计较，不会后悔说了什么、做了什么。这种饭局纯粹是因为友情，图的就是痛快。除此之外，也有与领导或上级等的聚会，就是所谓的"应酬"。这种宴会能帮助上下级之间增进了解、融洽感情。

中国人各式各样的饭局很多，有人说中国的社交文化基本上就是饭局文化，虽略显夸张，但道出了部分事实。

【跨文化交际提示】

- 很熟悉的朋友请你吃饭，你大可坦然接受；不怎么熟悉的人突然邀请你吃饭，你得好好掂量掂量是否接受。
- 中国人说请你吃饭，你不可贸然应答，对方也许只是客气地随便说说，除非详细地告诉你具体的时间、地点。
- 拒绝别人请客，不要太直接，最好间接、婉转一些。
- 去中国朋友家赴宴时，不要提前太早，比约定的时间早5—10分钟比较合适。最好不要迟到。
- 参加中国朋友的宴会，要按照安排就座，不要随意乱坐。
- 当主人请你点菜时，可以象征性地点一两个，随后把点菜权交给别人或主人。作为客人，不点菜也很正常。大部分菜应该由主人来点，不可喧宾夺主。
- 当主人问你有没有忌口的菜时，如果你是主宾，可以说一下。如果你不是主宾，最好不说。因为大家一起聚餐，你忌口的

第十讲　餐饮文化与饭局

别人不一定忌口。
- 在宴会上，要注意照顾别人，尤其是年龄比较大的人。一个人闷头吃，不主动与邻座交谈是很不礼貌的。
- 在宴会刚开始，自己的筷子没有使用之前，可以把你认为好吃的菜或特色菜夹到邻座面前的碟子里。以后再给别人夹菜的话，最好用公筷。当然，也可以口头推荐某一道菜，而不必亲自给别人夹菜。
- 向客人敬酒时要注意礼仪顺序，一般是按照地位高低、年龄长幼的顺序。自由敬酒阶段可以随意。
- 宴会进行期间不可长时间出去不回来。最好不要中途离开，如果不得不中途退出，必须说明原因，并向主人及在座的其他客人表示歉意。
- 宴会最后一般是主宾致辞，对主人的盛情款待表示感谢，其他客人应跟着表示感谢。
- 宴会结束要等主人和主宾出门后再跟着出去，并礼让其他人。离开前要主动和主人及其他人告别。

【常用熟语举例】

把酒言欢/白菜、豆腐保平安/杯酒识人/不醉不归/大饱口福/大吃大喝/大蒜是个宝，常吃身体好/冬吃萝卜夏吃姜，不劳医生开药方/饭吃八成饱，到老肠胃好/饭前喝汤，苗条健康/丰衣足食/感情浅，舔一舔；感情深，一口闷/喝酒不强求，情意心中留/荤素搭配/饥不暴食，渴不狂饮/饥不择食/今朝有酒今朝醉/酒逢知己千杯少/酒后吐真言/酒肉朋友/酒足饭饱/开怀畅饮/狼吞虎咽/满汉全席/民以食为天/酩酊大醉/南甜北咸，东辣西酸/宁可食无肉，不可食无豆/琼浆玉液/三杯和万事,一醉解千愁/三天不吃青,两眼冒金星/色香味俱佳/山珍海味/舍命陪君子/食不厌精,脍不厌细/嗜酒如命/谁知盘中餐,粒粒皆辛苦/饕餮之徒/天上的龙肉,地下的驴肉/推杯换盏/无酒不成席/无三不成礼/五谷杂粮壮身体/先干为敬/小酒怡情,大酒伤身/烟伤肺,酒伤肝/药补不如食补/药食同源/一天一颗枣,终生不显老/一天一苹果,医生远离我/一醉方休/饮酒作乐/原汤化原食/早吃好,午吃饱,晚吃少/珍馐美味/众口难调

【外国学生谈】

西方的餐饮文化

加拿大　马倩婷

  世界各民族对餐饮文化都很讲究,从用餐的礼仪、上菜的顺序、各式各样的餐具到入席的座位都值得好好研究。西方国家的餐饮文化同东方国家相比有明显的差异。

  先了解一下餐具。西方人吃饭时一般以刀、叉和勺子作为主要的餐具。除了汤以外,菜都是用盘子盛出来的。饭店里一般都是正方形或长方形的餐桌。桌子上每一个席位前常常已经摆好了餐具、酒杯、餐巾纸和碟子,比较高级的餐厅可能每个人有两套刀叉和勺子(一大一小),因为取不同的菜应该使用不同的刀叉。使用餐具的顺序也有讲究,我们有一句话提醒使用餐具的顺序,以免显得失礼,就是"从外边到里边依次使用"。所以,一般靠我们的盘子最近的小勺子就是吃甜点用的。还有一点要注意,就是用刀叉时,先用右手拿刀切食物,同时用左手拿着叉控制着食物,切完以后将刀放在菜盘左边,再将叉换到右手,然后才进食。

  到西餐厅吃饭时,服务员会先介绍当日的特价优惠菜,然后再问

第十讲　餐饮文化与饭局

客人要喝什么饮料。这是因为我们习惯吃饭时喝饮料，边吃边喝。西方人喜欢研究菜单，常常要一段时间才能决定好，所以当我们决定好点什么菜了就要把菜单合上，这样服务员就会过来写单。

一般去西餐厅时，大家都是点自己的菜，一人一份地吃。吃晚饭时，通常有头菜（也叫开胃菜），一般是一碗汤、沙拉、小食品等，量非常少，只是为了开胃和等主菜时品尝的。然后就是主菜。一般情况下主菜以肉为主，还有伴菜，如蔬菜或面条等。上主菜时，所有的菜应该是一起端出来的，这样大家都可以一起吃，不用一直等别的菜都齐了才能吃。

除了汽水、果汁、冰水以外，西方人也很喜欢喝酒。在加拿大，红酒和白酒非常受欢迎。红酒应配红肉，而白酒应配鸡肉或海鲜。一般红酒是一大瓶卖的。餐酒开瓶有很多规矩和顺序：第一，让客人确定是他们所点的那一瓶。看了商标以后，用开瓶器打开瓶塞。打开以后，倒出少许让主客品尝。当主客觉得合口味了，服务员才帮其他的客人倒酒。西方人也有祝酒的习惯，可是通常要有特别的原因，比如说生日、新工作、订婚等。要不然就随便喝，不必向别人敬酒。

西方人用餐也有礼仪和规矩。比如说，吃饭时不能张开大口啃咬食物，跟中国一样，不要发出咬和吸的声音。把胳膊肘放在桌子上也是不礼貌的行为。手机响了，要说"sorry"或"excuse me"，并离开餐桌接电话，这样才不会打扰正在用餐的人。西餐因为是一人一份，一般每个盘子里的菜都很丰富，量较多，所以，一般不给添加食物。能把盘子里所有的菜吃完当然代表菜好吃，可是如果剩下也不意味着没礼貌，只是说明吃饱了而已。

最后一道是甜点。甜点是西方餐饮文化中独特的一部分。服务员把主菜的盘子撤下以后,就会介绍店里的甜点。一般情况下,甜点的量都比较少,原因是吃完了主菜大家都比较饱,少量的、精致的甜点才能吸引客人。

朋友聚会会实行 AA 制,只有特别的节日或有特别原因才会请客。最后要注意的是用餐结束后要给服务员小费,这也是西方餐饮文化的重要特点之一。给小费表示你对服务和食物都很满意,是一种礼貌的赞赏。通常小费的数额是账单的 10%—15%。

中西餐饮文化有许多差异,各有各的特色。对我们来说,最重要的是了解不同国家独特的餐饮习俗。到了不同的国家要学会入乡随俗,遵守当地的风俗习惯。这样才能跨越文化障碍,增进理解。

俄罗斯的餐饮文化

俄罗斯　薇拉

众所周知,每个国家都有自己特色的餐饮文化。餐饮文化不但包括各种各样的菜和做饭的材料,而且包括餐桌礼仪。

首先,俄罗斯人跟中国人一样有一日三餐:早餐、午餐和晚餐。俄罗斯的早餐比中国的简单。粥是俄罗斯传统早餐之一,有荞麦粥、燕麦粥、大米粥和别的种类。

俄罗斯人的午餐一般有三道。第一道是汤,通常有红菜汤、鲜鱼汤、鸡肉汤等等。这与中国的饮食习惯不同,在中国往往最后一道菜是汤。俄罗斯红菜汤通常是用牛肉或者猪肉作为底料,然后加上主料甜菜一起熬制而成。食用的时候,可以加点酸奶油,当然不加也行,都很好吃。至于鱼汤,既可在家里厨房做,也可以在野外,用刚钓上的鱼做汤。汤后必须有一份带肉的热菜,热菜中有鱼、肉,鱼一般为干炸,肉包括牛肉、羊肉、牛排、丸子,与这几种菜搭配的通常是炸

第十讲 餐饮文化与饭局

土豆条或土豆泥。最后一道是甜食,包括甜点心、茶、咖啡等。俄罗斯晚餐的菜跟午餐差不多。在中国吃饭时,一般先上冷菜,然后热菜,最后上主食或点心。菜的数量要双数,宴席一般为八菜一汤或十菜一汤。

毫无疑问,中国最重要的主食是米饭和馒头。对俄罗斯人来说,他们很喜爱的是面包,尤其是黑面包。在俄语中,"面包加盐"意为"最珍贵的食物"。另外,俄罗斯人喜欢的食物还有牛奶、土豆、奶酪、香肠、鱼子酱等。

饮料文化。人所共知,中国是茶的故乡。中国茶有许多种类:绿茶、花茶、红茶等等。另外,中国茶艺也非常有名。在俄罗斯,茶也是最受欢迎的饮料之一。俄罗斯人一般喝红茶,茶里还可加白糖或者柠檬。另外,喝茶的时候,俄罗斯人一般吃甜的东西,比如说,欧拉季益(俄式松饼)、布林饼(传统俄式薄煎饼)。布林饼有各式甜咸口味、各种造型,是俄国传统节日——谢肉节的应景食品。俄罗斯有名的饮料还有伏特加和克瓦斯。伏特加是传统的酒精饮料,克瓦斯是以黑面包发酵成的气泡饮料,酒精浓度低,通常不超过1.5%。

餐桌礼仪。俄罗斯的餐桌礼仪讲究在用餐之时用刀叉,忌讳用餐发出声响。参加俄罗斯人的宴请时,宜对其菜肴加以称道,并且应该吃完自己盘子里的饭。中国餐饮习惯与俄罗斯不同。中国人吃饭最常用的餐具是筷子,所以有用筷的规矩,例如:不可以把筷子挥来挥去、不可以把筷子竖直插在饭里等等。在中国,客人一般不会把菜全部吃完,但也不能剩很多。

总而言之,了解某一个国家的文化的时候,也应该考虑这个国家的饮食习惯。俄罗斯和中国的饮食文化都很丰富,都有很久的历史,但是有不同的特点,所以在进行跨文化交际时,不能不注意。

中韩饮酒文化的差异

韩国　吴贵贞

中国饮酒的历史源远流长,数千年前就有饮酒的习惯和风俗,直到现在也很重视饮酒文化。很多中国人在吃饭时有喝酒的习惯,尤其是招待客人时,酒更是必不可少的。韩国人只要有聚会就喝酒,一喝酒就常常喝到醉的程度。而且,在一个地方喝了还不行,还要再去酒吧或卡拉OK继续喝,这被称作"二次会",甚至还可能有"三次会"。有时候,特别是周末,可能一直喝到第二天天亮才回家。相反,中国人喝酒大多比较适度,多数情况是喝到一定程度,大家觉得很满意了就结束了,"二次会"之类并不多见。

中国人的酒席常常很热闹,初看起来好像没有秩序,但分明有一定要遵守的礼节。韩国人喝酒时,一般是把脸扭到一边去,这表示对别人的礼貌。相反,中国人喝酒时要看着对方的眼睛。如果不看的话,则可能表示不愿意与对方对酌,这可能意味着不给对方面子。中国人倒酒一定得倒满杯,表示自己对对方全心全意。另外,碰杯时要站起来用右手碰一下。跟长辈或地位比自己高的人碰杯时,自己的杯子一定要比对方杯子位置低以示敬意。韩国差不多一样。

敬酒时,韩国与中国有一个重要的不同,就是韩国人有把自己的杯子递给对方的敬酒方式。这种习惯大概只有韩国才有。把自己的杯子递给长辈表示敬重,把自己的杯子递给朋友或初次见面的人表示人情,表达自己想拉近彼此关系的愿望。另外,韩国人一般不会自己给自己倒酒,都是别人给自己倒,否则的话,可能意味着没有人陪你喝酒,有的人说这意味着没有朋友。而在中国则是给别人倒了以后,也可以给自己倒。另一个差异是,在韩国不管你会不会喝酒,也不管你是男的还是女的,不能拒绝长辈或地位比你高的人的劝酒。

第十讲　餐饮文化与饭局

而在中国,如果你不会喝酒或者你是女性,则一般不大会强迫你喝酒,劝酒也只是客气一下。

虽然中韩两国的饮酒文化有不一样的地方,但两国都把酒看作生活中的润滑油。通过喝酒可以使人际关系缓和,加深彼此的感情。

【作业】

- 比较中国和你们国家在餐饮文化方面的异同。
- 介绍你们国家的饮酒文化及饭局在人们生活中的作用。

【扩展学习线索】

高　和　《中国式饭局》,作家出版社,2009。

蒋雁峰编著　《中国酒文化》,中南大学出版社,2013。

蒯大申、祁　红　《中国人的民俗世界》,安徽文艺出版社,2009,102—108。

宁　锐　中国茶俗与茶的传说,《民俗研究》1993年第1期。

任一丁　"吃"是华人的一种文化,《人民日报》(海外版)2013年11月8日。

宋经文　酒酣兴浓说猜拳,《民俗研究》1993年第1期。

王仁湘　《饮食与中国文化》,青岛出版社,2012。

西德基　阿拉伯人与酒文化,《民俗研究》1993年第1期。

肖向东　论中西方"食礼"文化,《江南大学学报》(人文社会科学版)2011年第6期。

徐　熊　《美国饮食文化趣谈》,人民军医出版社,2001,25—30。

易中天　《闲话中国人》,上海文艺出版社,2006,1—42。

张亚军主编　《中华文化趣谈》,华语教学出版社,2012,155—160。

朱凤兵　跨文化交际视角下中西方饮食文化差异与原因简析，《镇江高专学报》2014年第2期。

梁宏达　《老梁观世界：源远流长的酒文化》，辽宁卫视，2013年3月28日。

王志文、陈道明主演　电视剧《中国式饭局》，优酷。

【跨文化交际知识窗】

单项时间取向与多项时间取向

时间取向的概念是美国人类学家爱德华·T.霍尔提出的。

在单项时间取向的文化中，人们注重按计划日程行事。在此种文化观念中，时间是线性的、单向的。单项时间取向的人们一般不同时与不同的谈话对象进行交际，需按照先后顺序一个一个地进行。严格遵守约定的时间，不提前也不推迟；严格按照事先制订的计划行事，计划一旦确定，一般不会随意或临时更改。单项时间取向的人们将时间分为不同的部分，以满足个人的需要，上班时间和下班时间泾渭分明：上班时间不谈工作以外的事情，下班时间不谈工作上的事情。若老板需要员工加班，必须与员工商量，征求员工的意见，员工同意的话，还需要支付加倍的加班费。

在多项时间取向的文化中，人们注重参与，可以同时做几件事。多项时间取向的人们可以同时与不同的谈话对象进行交际，同时照顾到各种约谈对象的情绪和需求。约定的时间可以不严格遵守，推迟一点儿也无伤大雅；事先的计划可以根据具体情况随时加以修改。多项时间取向的人们对时间的概念比较模糊，个人时间和社会时间、工作时间和工作外时间界限不甚清晰。在上下班如何做到准时、加班时员工权益如何保障等事项的理解上，在工作时间内可不可以谈

第十讲 餐饮文化与饭局

论生活上的事、工作时间外可不可以工作等问题的理解上,都与单项时间取向的文化有非常大的差别。

单项时间取向主要出现于个人主义文化中,如美国、德国文化就是代表;多项时间取向主要出现在群体主义文化中,如中国和韩国等亚洲国家、某些中东国家、非洲国家等。

时间的取向影响人们处理冲突的方式。对于单项时间取向的人们来说,冲突要加以控制和处理,必须在某一时间范围内加以解决;而对于多项时间取向的人们而言,最重要的不是在规定时间范围内解决冲突,而是要花时间好好了解冲突双方,因为群体主义文化所强调的是群体的价值取向,维系群体成员之间的和谐有时比分清是非、解决问题更为重要。

第十一讲

颜色与文化

【跨文化问题导入】

- 中国有代表性的颜色是什么?为什么它是中国的代表性颜色?
- 你们国家有代表性的颜色是什么?它的象征意义是什么?
- 老师在汉语课堂上问学生:"如果我去参加你的婚礼,打着一条洁白的领带,你见了以后,有何感想?"美国学生回答:"我会感到很奇怪。"日本学生回答:"我非常高兴。"中国学生回答:"我气死了。"这是为什么?
- 老人生日,你送礼物给他,为了好看一些,你要把礼物包装一下,用什么颜色的包装纸比较好?

【案例】

绿色的帽子 1

冬日周末的一天,美国留学生阿里接受邀请去刘老师家做客。到了刘老师家,他把带来的礼物放在一边,没有马上拿出来,因为他听别人说,去中国人家里做客时,先不要把礼物拿出来,等告别的时候再拿出来递给主人。

第十一讲　颜色与文化

刘老师的爱人为阿里做了很多好吃的中国菜,阿里吃得很开心。

不知不觉,阿里在刘老师家里待了一个半小时,他觉得该走了,于是站起来向刘老师夫妇告别,并把礼物交给刘老师,说:"这是我给你们准备的礼物,请收下。"刘老师夫妇接过来,并向阿里表示感谢。

阿里走了以后,刘老师打开礼物一看,是一顶帽子和一条围巾,而且都是绿色的! 夫妻俩面面相觑,一脸尴尬。

绿色的帽子 2

某工厂参观团去一个德国工厂参观,德方工厂负责人热情接待。参观开始,为安全起见,负责人要求每人都要戴上安全帽。这家德国工厂的安全帽有不同的颜色,一般工人的安全帽是白色和红色的,而为参观的客人准备的安全帽则是绿色的。

参观团成员看到安全帽是绿色的,就死活不戴,德国负责人多次劝解,说这是必要的安全措施。但参观团成员怎么说也不戴。德国人很生气,参观团成员也是一脸的不高兴。最终参观草草了事,不欢而散。

白色的领带

法国留学生方丹接受邀请参加一个中国朋友的婚礼。他把自己从国内带来的一套深蓝色的西服拿出来,配上他平日最喜欢的天蓝色衬衫和白色领带就出发了。到了举办婚礼的大酒店,他的朋友和未婚妻热情地跟他打招呼。但他感觉朋友和他的未婚妻在与自己握手的时候,盯着自己的领带看了一会儿,而且表情显得有点儿异样。朋友跟方丹打过招呼后,就又招呼别人去了。方丹坐在桌子旁边有点儿纳闷:"我穿的衣服哪儿不合适吗?"

【文化专题】

■ 中国的颜色文化

颜色在不同的文化中可能具有不同的象征意义。

红色 这是中国最有代表性的颜色之一。红色也叫赤色,是血和火的颜色,代表了生命与温暖。红色既热烈又热闹,令人激动。在中国,凡是有喜事的地方,就少不了它。过年过节互相送礼时,礼物的外边一般要用红纸包着或用红线扎起来,这样才能显示出喜气来。在结婚这样的大喜事上,到处是红色:红礼服、红胭脂、红包、红地毯、红鞭炮……说是红色的海洋一点儿也不夸张。过年的时候,本命年的人腰里要扎红腰带,女孩子偏爱扎红头绳。近代以来,红色还代表进步和革命,中国国旗、共产党党旗、解放军军旗等都以红色为主色调。

黄色 在中国古代是最尊贵的颜色。根据五行(木金火水土)学说,黄色属于土,而土是万物生长和人类生存的基础。中华民族的母亲河是黄河,中华民族起源于黄土高原,中国人都是黄皮肤,中华民族的始祖之一叫黄帝,所以可以说黄色是中国文化的根源。用五行配五方(东西南北中),中间的位置属土,因此黄色也代表了中间、中央。古代,皇帝住在中原统治四方,因此,黄色(尤其是明黄色)就成了皇帝的专用色,一般人是不能用的,用了就是大逆不道,会被处以重罪。黄色也是财富的象征。

绿色 提到绿色,人们就会想到绿树、青草,故而它是生命的颜色。和红色一样,绿色看起来非常醒目,因此,人们常用"大红大绿"

第十一讲　颜色与文化

来营造热闹的气氛。然而,有一点需要特别注意,过去,中国男人穿绿色衣服的很少,也很少围绿色的围巾、系绿色的领带,更绝对不戴绿色的帽子。这是有缘故的。元朝、明朝的时候,朝廷规定,在妓院工作的男人必须包绿色头巾,以表示他们的社会地位很低。后来,人们就用"戴绿头巾"来表示妻子对丈夫不忠,使丈夫蒙受耻辱。"绿头巾"后来变成了"绿帽子"。因此,男人(特别是已婚男人)是绝不戴绿色的帽子的。

黑色、白色　这两种颜色都代表死亡,不吉利。过去几乎没有人全身穿黑色或白色的衣服,只有参加葬礼才可能穿一身黑色或白色的衣服。有些女人喜欢穿黑或白的衣服,但一般要配上一些颜色鲜艳的饰品。当然,这样的衣服一般是不能穿到婚礼、生日宴会等喜庆场合去的,节日里也很少穿。到了现代,受西方习惯的影响,新娘穿白色婚纱的渐渐多起来了,但穿过婚纱之后还是要换上一套红色传统服饰。黑白两色之间,也有意义相反的时候。黑色有秘密、非法等含义。比如用非法手段得来的钱叫"黑钱";非法营运的车叫"黑车";做非法买卖的市场叫"黑市";秘密的犯罪组织叫"黑社会"。而白色代表纯洁、清楚。如一个人没有犯罪或犯错误叫"清白";人或事物完美、没有缺点叫"白璧无瑕";能分清对与错叫"黑白分明";故意把对的说成错、错的说成对的叫"颠倒黑白"。

由于颜色与人们的日常生活关系非常密切,因而许多颜色词除表示颜色本身的意义之外,还引申出了其他一些意义。如"这件事黄了"中的"黄"表示"事情失败或计划不能实现"的意思;"他最近很红"中的"红"表示"受重视、受欢迎"的意思;"眼睛都绿了"中的"绿"表示"嫉妒"的意思;"他的心很黑"中的"黑"表示"坏、狠毒"的意思,"他被人黑了一万块钱"中的"黑"表示"暗中坑害、欺骗、攻击"的意思;"他白了我一眼"中的"白"表示"轻视"或"不满"的意思；"心灰意冷"中的"灰"表示"失望"的意思。

【跨文化交际提示】

- 探望病人时不送颜色过于浓艳的花，这会刺激病人的神经，易激发烦躁情绪。忌送白色、蓝色、黑色花卉。
- 不要送男人绿色的帽子、围巾、领带、领结等，这会被视为对他们的极大侮辱。
- 参加喜庆活动，男人穿西服不要打绿色、白色、黑色领带，女人不要穿黑色、白色的衣服。

【常用熟语举例】

白璧无瑕/白头偕老/赤橙黄绿青蓝紫/赤子之心/灯红酒绿/关公喝酒——不怕脸红/黑白分明/红白喜事/红得发紫/红豆寄相思/红光满面/红花绿叶/红男绿女/红颜知己/花无百日红/近朱者赤，近墨者黑/蓝颜知己/青出于蓝而胜于蓝/青黄不接/小葱拌豆腐——一青二白/阳春白雪/一颗红心，两种准备/不分青红皂白/戴绿帽子/颠倒黑白/红颜薄命/心灰意冷

【外国学生谈】

印尼的颜色文化

印度尼西亚　温彩虹

一般来说，每种颜色在每个民族都可能有不同的象征意义，对一个民族来说象征消极意义的颜色，可能对另一个民族而言则象征积极的意义。在印尼文化中，六种颜色（白色、黄色、黑色、红色、绿色、

第十一讲 颜色与文化

蓝色)有比较明显的象征意义。

白色代表纯洁和圣洁,所以有些民族(比如巽他族),在结婚的时候穿白色的衣服。有人去世的时候,一般使用白布来包裹遗体,表示希望去世的人灵魂得到安息。在印尼人的婚礼上可以送白包,而在中国是绝对不允许的。

黄色在马来族中代表金。在印尼文化中象征财富和地位高。以前只有皇帝可以穿黄色的衣服。马来族结婚的时候一般也穿黄色的结婚礼服。但是,对爪哇族来说,黄色却象征悲哀。如果有人去世,在他家周围一般会插有黄色的旗子。

黑色在印尼文化中一般具有贬义,因为它代表悲哀或者悲伤。一般人参加吊唁活动时会穿黑色的衣服,表示他们也很悲伤。在印尼,黑色也常常表示不好的事情,因为巫师一般穿黑色的衣服。有些黑颜色的动物(黑鸡、黑猫、乌鸦等)在印尼象征坏运气。印尼语中的"黑羊",就是汉语中的"害群之马"的意思。但是在爪哇文化中,黑色象征勇气,以前皇帝的武将都穿黑色的衣服。

在印尼,红色象征兄弟情谊和勇气,在战争期间战士们会把红布绑在头部或者手臂上。

绿色是肥沃、繁荣的象征,此外,绿色还有跟钱有关的意思,所以印尼人常常说"他不可以看钱,一看眼睛就变绿了",意思是他很喜欢钱。

蓝色象征安静、祥和。在日常生活中可能很少看到蓝色对印尼文化的影响,但是在口语中,蓝色有时代表贵族,"蓝血"在印尼代表贵族后裔。

最后,特别说一下印尼国旗上颜色的象征意义。印尼的国旗由红、白两种颜色组成:上部的红色具有勇敢的含义,下面的白色具有纯洁的含义。红色代表人的身体,白色代表人的灵魂,两者的结合表示完整、完美。

德国的颜色文化

德国　何大

在德国,红色往往代表恐惧、流血和热量。德语里有一些跟红色有关的常用俗语,如果一个德国人说"我看红",意思就是不可能、不同意。

德语中比较有意思的颜色是蓝色。在口语中,"他是蓝"表示他喝醉了,"他今天弄蓝"表示故意不上班或旷工、不上课或缺课。

女孩子最喜欢的颜色是粉红色,故此我们国家的人常常说"你透过粉红色的眼睛看到事物",意思是你看事情跟孩子一样,看不到不好的方面,只看到好的方面。

我最喜欢的颜色是白色,它代表干净、纯洁、无私、朴素、平安、诚实、清楚,这些都是生活中最重要的。

【作业】

请比较中国与你们国家颜色使用的文化象征意义,并附上图片。

【扩展学习线索】

乐　嘉　《跟乐嘉学性格色彩Ⅱ》,中国华侨出版社,2017。

刘　宁　英汉颜色、数字禁忌比较,《长春师范学院学报》2004年第2期。

文　健　喜气洋洋说"红"字,《咬文嚼字》2014年第2期。

张明玲　《色彩文化》,中国经济出版社,2013。

第十一讲　颜色与文化

　　张圣素　从文化视角探究英汉颜色词的内涵意义,《安徽工业大学学报》(社会科学版)2010年第5期。

　　张　欣编著　《中国社会文化礼俗》,上海大学出版社,2000,177—182。

　　张亚军主编　《中华文化趣谈》,华语教学出版社,2008,133—139。

　　赵　菁编著　《中国色彩》,黄山书社,2012。

　　赵　艳　文化语言学视角下汉语吉祥语研究——以"红色"吉祥语为例,《湖北第二师范学院学报》2016年第9期。

　　郑竹群　色彩词的跨文化社会心理比较,《福建政法管理干部学院学报》2006年第4期。

【跨文化交际知识窗】

色彩与心理、性格

　　红色给人以温暖之感,是一种刺激性很强的颜色。它容易引起人的注意(汽车刹车灯亮时都是红色的),容易使人兴奋、激动、紧张、冲动,也容易造成视觉疲劳。偏爱红色的人多积极乐观、真诚主动,性格刚烈而外向,情绪起伏较大。善于表达,富有感染力,但疏于兑现承诺,开玩笑常常不分场合,容易这山望着那山高,不够脚踏实地。

　　蓝色让人想到晴朗的蓝天、蔚蓝的大海,是一种令人遐想的色彩。偏好蓝色的人多思想深刻、感情脆弱。默默关心他人,有批判和挑剔的倾向。敏感而细腻,做事计划性较强。主动与人沟通不足,容易患得患失。

　　黄色是亮度最高的颜色,能刺激大脑中与焦虑有关的区域,具有警告的效果。偏爱黄色的人行动迅速,坚持不懈,善于忠告,不感情用事。控制欲强,咄咄逼人,不肯认错,容易发怒。

  绿色介于冷色、暖色之间,其亮度不高,对人的视觉刺激也不强烈。喜欢绿色的人温柔祥和、性情安静,为他人考虑,心平气和,善于协调;拒绝改变,胆小被动,缺乏主见,创意不足。

第十二讲

数字与文化

【跨文化问题导入】

- 你知道中国人喜欢哪些数字吗？你们国家偏爱什么数字？
- 你知道北京奥运会开幕的具体日子和时间吗？
- 朋友结婚，你送礼金，送多少合适？
- 老李知道老王很喜欢喝白酒，所以他打算送老王几瓶白酒。你觉得送几瓶比较合适？

【案例】

选择婚礼的日子

小秦和小刘正在商量结婚的事。

"先把时间定下来呀，否则怎么写请帖、订酒席呀？"

"星期六吧，星期六大家都有空。"

小秦一边翻日历一边说："下个月第一周的星期六是四号，第二周是十一号……"

"四号不行！"秦大妈插了进来，"四多不吉利啊！"

"妈，这是迷信。"小秦想也没想就说。

小刘拉了拉他的袖子："四号太早，恐怕来不及。后面是十八号，十八怎么样？"

"好啊！就十八号。"秦大妈说。

小秦看看妈妈，又看看小刘："好吧，随你们，我没意见。"

选择电话号码

老张的爱人下周生日，他打算买个手机作为给爱人的生日礼物。手机选好了，选择手机号码时，老张纠结了一会儿。柜台上贴着一张纸，上边写着好多手机号码供顾客选择，价格从 100 元到 100 000 元不等，其中一个号码是 1××58986688，标价为 88 000 元！他对卖卡人说："一个手机号这么贵啊？"卖卡人说："大叔，您嫌贵啊？这儿有免费的。手机就是个工具，数字只是数字，您不在乎就没关系。"老张心想：老婆平时过日子一直很节省，自己花钱买号码的话，她知道了肯定会很生气，那就要这个免费的吧。于是他就要了一个免费的手机号码。

回家后他把手机给了爱人，爱人非常高兴，马上就想开通试用一下。可当她打开手机卡的包装，看到卡上的手机号码后，脸上的表情立刻晴转阴了。她生气地对老张说："你过来看看！这是什么号码？你还让不让人活了？"老张有点儿纳闷：这是怎么了啊？他拿过卡来一看，傻了眼！我的天啊，这是什么数字啊？！1××<u>47491524</u>（谐音：死妻死舅要吾儿死）！

【文化专题】

■ 中国的数字文化

数字在中国产生得很早，大约在五千年前就有了表示数的符号。

第十二讲　数字与文化

大约在公元前 17 世纪到公元前 11 世纪的商朝，中国就有了十进制，也有了百、千、万等数字，比同一时代的古巴比伦、古埃及、古印度早许多。

中国长期处于漫长的封建社会阶段，受封建迷信观念的影响，有很浓厚的语言拜物情结，尤其对数字，人们充满了敬畏感。因此，汉语数字在记数的同时，也反映了中国人的文化心理。

"一"(1)是最小的数字，所以它表示小、少。比如"一点一滴、一点儿也不"等。中国古人认为，"一生二，二生三，三生万物"，"一"是万物的开始，而万物又统一成为一个整体，故而"一"又可以表示统一、全部、一切、完整的意义。如"一天"表示全天、整天，在"统一、一生一世、一心一意、一家"等词语中这种意思体现得非常明显。此外，"一"还表示相同、不变，如"一样、一贯"等。

"二"或"两"(2)代表分散、不同。表里不一、言行不一的人被称为"两面派"。中国人偏向群体、统一，不喜欢分裂，所以，"二"有时候就带有贬义，对人不专心被叫作"有二心"，在前一朝代做了官、投降后一朝代又做官的人被叫作"贰臣"。在当下的口头语中，"二"甚至可以作为一个形容词来使用，我们说某人"很二"，就是说某人很傻，跟一般人不一样。

同样表示"二"的还有"双"，它多用来指对称的两个，如"双胞胎、双亲"等。它可以表示不孤单，所以成双的常常就是好的。中国人平时给别人送礼物，要送双数，不能送单数。现在，中国人很喜欢用筷子做结婚的礼物。因为筷子是成双成对的，送筷子表示对新郎、新娘的祝福：夫妻成双成对，好事成双，幸福快乐。

"三"(3)是一个神秘的数字，它充满了变化。"道生一，一生二，二生三，三生万物。"自古以来，"三"就有生长、发展、吉祥的意义——

"天地人"是最重要的东西;天上有"日月星"三种天体陪伴着人类;象征国家的鼎有三只脚;中国最有影响的思想有三种:儒家、道家、佛教。"三"还表示多,如"三思后行、三番五次、一日不见如隔三秋"等。"三"也有不好的意思,当它和"四"一起组成"×三×四"的格式时,常常含有贬义,如"不三不四、低三下四、朝三暮四"等。另外,它和"散"谐音,年轻人结婚一般是要避免含有"三"的日子的。

"四"(4)和"死"谐音,很不吉利。有的地方盖楼房,数楼层时往往跳过"四",从三层往上直接就是五层。在办理手机号或选车牌号时,一般避讳有"4"或跟"4"发生不吉利联想的谐音,如"5741(我气死你)"等。除了上边的谐音的情况以外,大多数情况下,中国人还是比较喜欢用"四"的。因为古人认为地是四方的,每一方有一个天地主管,四方也就代表了所有的方向。古人还认为,天地之间有四根柱子支撑着,这样天才不会塌下来;椅子、桌子等东西有四条腿就比较平稳,所以,"四"又有稳定的意思,如"四平八稳"。如果要在一定范围内选出几个代表性的人或东西,中国人往往会选四个,如"四大发明、四大才子、四大美女、四化""锅碗瓢盆(代表所有的餐厨用具)、油盐酱醋(代表所有的调味品)、吃喝拉撒(指人的基本生活需要)"等。

"五"(5)在中国没有什么特别的喜欢或不喜欢的含义。中国古代思想家的"阴阳五行"学说就是用金、木、水、火、土这五种物质来说明世界万物的起源。受此影响,中国人也常常用"五"来概括事物,如"五谷"(指稻、黍、稷、麦、菽五种粮食,也可以指代所有的粮食作物)、"五金"(指金、银、铜、铁、锡五种金属,也可以指代所有的金属)和"五官"(指人的眼、舌、口、鼻、耳,也可以指人的长相)。由于"五"的发音和"无""呜"相近,近年来,在网络聊天时,常被用来谐音"无(没有)"

第十二讲 数字与文化

"呜（哭声）"，这可以算是不好的意思。

"六"（6）是"三"（3）的倍数，也用于表示吉祥。"六"的发音与"溜"谐音，而"溜"可以与"顺"组成"顺溜"一词，所以，"六"也就有了"顺"的意义。很多人结婚的时候选6月6日这个日子，因为人们常说"六六大顺"。

"七"（7）在中国传统文化和西方文化中都有吉利、尊贵的含义。中国古代神话说，世界上的生物是神在七天之内创造出来的，第七天创造出了人，故而农历一月七日是"人日"。这与基督教的创世说在某种程度上不谋而合，上帝在七天之内完成了创世之功，人是第六天创造出来的，第七天休息。佛教认为，人死后能转生，以七天为期，如七天不成，则再过七天，到第七个七天，一定转生，因而，死者的家人要在七七四十九天之中进行祭奠。另外，农历七月七日是牛郎织女鹊桥相会的日子，是中国的情人节。但是，由于"七"和"气""去"谐音的关系，"七"已经渐渐不被列入吉利数字了。

"八"（8）无疑是最吉利、最受中国人欢迎的一个数字。因为它与"发"读音相近，可以谐音表示"发达、发财"的意思。很多人选电话号码、车牌号码等都愿意选有"8"的，这导致有"8"的电话号码和车牌号码的价格居高不下。北京奥运会开幕的日子和时间是2008年8月8日晚上8点。

"九"（9）是十以内最大的基数，可以表示最多、最高。"可上九天揽月"中的"九天"表示天的极高处。"九"还与"久"同音，表示长久安定，特别受到人们的喜爱。古代皇帝的衣服叫九龙袍，北京城有九个城门，紫禁城（故宫）的房间一共有九千九百九十九间，北海公园和紫禁城里都建有九龙壁。

"十"（10）表示数量多、程度高，并有圆满、达到顶点之意，如

"十分、十足、十拿九稳、十全十美"等。

"十二"(12)在中国文化中也有一定的特殊意义。大家都知道"十二生肖",之所以用"十二"跟纪年法有关。在远古时代,中国使用的是一种太阳历,它是根据太阳和地球的运转规律制定的。此种历法的基本数字是"12":一天分为12个时辰,12天为一旬,36天为一月,72天为一季,一年五季,一共360天,还有5天用来过年。要记住并且传播这种历法对远古人来说太困难了,于是他们就用12种熟悉的动物名称来帮助记忆。

"十三"(13)在中国本来也没有什么不好的含义,在古代用得还很多,读书人必读的经书叫"十三经",汉代把全国划分为十三个州等。不过,受西方基督教文化的影响,渐渐地"13"也就成了一个忌讳的数字。

整数"百""千""万"都可以作为表示多的概数,如"百货、百科、百年好合、百年大计、千锤百炼、千辛万苦"等。

最后,再说一下某些数字方面的禁忌。中国人在结婚等喜事时送红包数额忌讳单数,一定要双数,而且要结合吉利数字;丧事送礼金(白包)忌讳包双数,通常只能包单数。参加老人寿宴包礼金时,通常要"包十",但不能是10元,例如10张100元叫作"十百",10个1000元叫作"十千"等;寿宴送礼也要"送十",例如10种礼物;寿宴也要准备10道菜。另外,中国传统推崇老人过寿"庆九不庆十",即当老人59岁时,就庆贺其60岁生日,99岁时,就庆贺其100岁生日。

【跨文化交际提示】

- 送中国人礼物,一般情况下应该送双数的,不要送单数的。

第十二讲　数字与文化

- 中国人认为的吉利数字是六、八、九、十,三、四一般为不吉利的数字。
- 西方人伸出食指和中指表示胜利,但在中国人看来可能是"二",表示傻。
- 办理电话号码一定要注意,数字的组合不要跟不吉利的语句发生谐音,如"741"(气死你)、"574"(我气死)等;组合的数字与吉利的语句谐音是最理想的,如"518"(我要发)、"521"(我爱你)等。

【常用熟语举例】

- 当一天和尚撞一天钟/挂一漏万/良言一句三冬暖/一不做,二不休/一传十,十传百/一帆风顺/一个巴掌拍不响/一见钟情/一人之下,万人之上/一日不见,如隔三秋/一失足成千古恨/一言既出,驷马难追/一针见血/一知半解/一走了之

- 成双成对/二话没说/接二连三/两败俱伤/两虎相争,必有一伤/两肋插刀/两面三刀/两全其美/两小无猜/两者不可兼得/首鼠两端/忠贞不贰

- 冰冻三尺,非一日之寒/垂涎三尺/丢三落四/举一反三/三寸不烂之舌/三番五次/三个臭皮匠,顶个诸葛亮/三更半夜/三句话不离本行/三人行,必有我师/三生有幸/三思而行/三天打鱼,两天晒网/三长两短/士别三日,当刮目相看/事不过三/约法三章/朝三暮四

- 家徒四壁/四海之内皆兄弟/四季如春/四两拨千斤/四面楚歌/四平八稳/四体不勤,五谷不分

- 不为五斗米折腰/过五关斩六将/麻雀虽小,五脏俱全/如堕五里雾中/五福临门/五谷丰登/五湖四海/五花八门/五体投地/五味杂陈/五脏六腑
- 六根清净/六六大顺/六亲不认/六神无主/眼观六路,耳听八方
- 七窍生烟/七情六欲/七月七日鹊桥会,牛郎织女喜相逢
- 八拜之交/八竿子打不着/八九不离十/八面玲珑/八面威风/八仙过海,各显其能/八字没一撇/半斤八两/胡说八道
- 九九归一/九牛二虎之力/九牛一毛/九泉之下/九死未悔/九死一生/九头牛也拉不回/九霄云外
- 十拿九稳/十年寒窗/十年树木,百年树人/十全十美/十万火急/十有八九/十指连心
- 女大十八变,越变越好看/十八般武艺/三十而立/三十年河东,三十年河西/三十六计,走为上计/五十步笑百步
- 百尺竿头,更进一步/百花齐放,百家争鸣/百炼成钢/百密一疏/百思不得其解/百闻不如一见/百折不挠/海纳百川,有容乃大/行百里路者半九十/知己知彼,百战不殆
- 此地无银三百两/三百六十行,行行出状元
- 千变万化/千叮咛,万嘱咐/千方百计/千夫所指/千古知音最难觅/千家万户/千斤重担/千军易得,一将难求/千钧一发/千里送鹅毛,礼轻人意重/千里之堤,溃于蚁穴/千里之行,始于足下/千虑一得/千篇一律/千奇百怪/千丝万缕/千载难逢
- 包罗万象/读书破万卷,下笔如有神/高楼万丈平地起/日理万机/瞬息万变/万变不离其宗/万古长青/万人空巷/万事俱备,只欠东风/万寿无疆/万丈深渊/十万八千里

第十二讲　数字与文化

【外国学生谈】

意大利的数字文化

意大利　陆爵

虽然数字在古代与人们的日常生活息息相关，但是现在的意大利人一般不怎么注重数字，比如说，跟数字有关系的传统说法比较少，最流行的可能是"E' successo un '48（发生了一个48）"，这个说法中的"48"指的是1848年，在意大利的历史上那一年肯定比较重要，发生了许多大事，现在这个说法说明突然发生什么大事或者情况突然变得很复杂。

在意大利，有一些数字表示迷信的含义，比如说，"17"这个数字被认为是特别倒霉的，所以楼层一般用"16A"来代替第十七层，或者直接从第十六层数到第十八层。此外，送花的时候，要送单数的，可能是因为参加葬礼时一般要带偶数的花，所以在其他情况下偶数花不吉利。

虽说意大利人一般没那么迷信，但是意大利有一座城市的人似乎特别迷信，非常看重数字，这座城市就是那波利。那波利人的传统思想是世界上的每个东西和每件事都有代表性的数字，通过数字和它们的含义人们不仅可以避免坏事，而且可以得到好处。这个思想的起源不太清楚：有的人说对那波利影响最大的是古希腊著名哲学家毕达哥拉斯，因为他对数字非常有研究。有的人说，那波利的传统思想来源于希伯来神秘哲学，按照希伯来神秘哲学，数字都有特别的含义。对那波利人来说，这个思想算得上一种艺术，很多人相信，通过数字可以算命，尤其可以圆梦：梦到的事情和东西都有自己代表性的数字，人们一般认为，去世的人通过梦可以与活人沟通来帮助他们。比如说，梦到一条蛇有不同的意思，有时表示身边可能有不好的人，有时表示其他的意思。而且蛇有不同代表性的数字，例如，被蛇咬的数字是"8"，爬行的蛇的数字是"69"，等等。不过，虽然了解"梦到"的数字因为它们的含义很深而显得很重要，但是那波利人的主要目的只有一个，就是用梦到的数字买彩票。

蒙古的数字文化

蒙古　萌萌

"1"的意思就是第一名。"2"表示双的意思，比如爱人之间、两匹马，还有也只有一对的时候才显得很幸福。"3"象征家庭幸福美满，火炉有三个腿，我们经常用"3"表示火炉，因为火炉对于我们来说是一种很重要的必需品，"3"代表有活力。"4"表示东西南北四个方向。"5"我们经常会想到五个手指，而且五个手指组成一只手，表示团结就是力量。"6"会使我们联想到魔鬼，这个传说是从西方来的。"7"对我们蒙古人来说就像是中国的"4"一样，不怎么喜欢，因为它代表"地"，象征着比较低下的事物，比如穷、低人一等。"8"对蒙古人来说数字本身不太重要，我们国家一个著名的画家画的八匹黄色的马，非常珍贵，如果在家里能够珍藏八匹马的画，会给家里带来平安等。"9"的含义是幸福、希望，自古以来就是我们最喜欢的数字。

德国的数字文化

德国　何大

在德国一些数字也代表特别的意思。比如"二"，表示一双儿女，男和女，而且两两对照。"四"和"七"表示幸福和幸运，这是为什么呢？在德国，我们认为四叶的苜蓿给人们带来幸运，因为四叶的苜蓿

第十二讲 数字与文化

很少,找到这样的苜蓿并不容易,所以能找到的人很幸运。因为四叶的苜蓿表示好的意思,所以"四"的意思也差不多。数字"七"的历史很长,《圣经》上经常能看到,在很多神话故事中"七"有好的意思,表示幸运。现在很多人喜欢这个数字,如果在德国问人们最喜欢的数字是什么,回答最多的就是"七";如果你让人们从一到十说一个数字,人们回答最多的也是"七"。

不幸运的数字是"十三",但原因在德国找不到,可能是从外国传来的吧。

【作业】

举例说明中国与你们国家数字使用的文化异同,并解释原因。

【扩展学习线索】

陈汝东　数字语音迷信的民族差异比较及其传播修辞价值,《浙江树人大学学报》2007年第6期。

胡建华　中西文化数字的性质、涵义之比较,《西安外国语学院学报》2003年第2期。

刘　宁　英汉颜色、数字禁忌比较,《长春师范学院学报》2004年第2期。

阮　娟　从数字"七"探究中西方文化差异,《山西高等学校社会科学学报》2015年第5期。

屠忠俊　"二百五",《南风窗》1990年第11期。

汪凤炎、郑　红　《中国文化心理学》,暨南大学出版社,2004,133—135。

王晓澎、孟子敏　《数字里的中国文化》,团结出版社,2000。

吴义方、吴卸耀编著 《数字文化趣谈》，上海大学出版社，2005。
张亚军主编 《中华文化趣谈》，华语教学出版社，2008，73—78。
梁宏达 《老梁观世界：天价手机号贵在哪里？》，辽宁卫视，2013年12月16日。

【跨文化交际知识窗】

高语境文化与低语境文化

"语境文化"的概念是由美国人类学家爱德华·T.霍尔提出来的。在高语境文化中，话语的理解对语境的依赖性比较高，话语的真正含义需要交际的参与者通过语境、语气、语调、表情等推测出来；而在低语境文化中，话语的理解对语境的依赖性相对比较低，话语的真正含义主要由话语本身来传达，不大需要依靠语境去推测。一般来说，前者大多属于群体主义文化，后者大多属于个人主义文化。高语境文化的传播是螺旋形的，较多采用间接的言语表达方式；低语境文化的传播则较多采用直接的言语表达方式。中国、日本等多数东方国家基本属于高语境文化，欧美发达国家大多属于低语境文化。

第十三讲

非语言交际

【跨文化问题导入】

- 表示"不知道、为难、不赞成或无奈"等含义时,中国人的习惯是摇头或摆手,你们国家的人怎么做?
- 一位女性被介绍给地位差不多一样的男性时,她会怎么样?
- 如果你喜欢一个异性,你会用怎样的非语言行为或手段表达?
- 有人跟你握手沉稳而有力,你有什么感觉?
- 在你们国家,公共汽车上年轻人会主动给老人和女性让座吗?
- 你的朋友或同事遇到你时,摸你推着或抱着的孩子的头,你有什么感觉?
- 你会刻意地按照你自己的想法布置你的房间吗?

【案例】

让人误会的笑 1

夏日的某一个星期天,美国留学生杰瑞去大学游泳池游泳。当时,游泳池里人比较多,杰瑞看见三位中国学生在横向比赛,他们兴致很高,笑声不断。其中一位游得很快,在经过杰瑞身旁时一不小心撞了杰瑞一下。于是,他马上停下来向杰瑞挥了挥手,点了点头,微微一笑,然后又继续向前游去。杰瑞有点儿生气,于是朝救生员看去,示意他予以干涉,救生员却只是咧着嘴笑,没有做任何表示。

让人误会的笑 2

外国留学生杰森在教学楼前存放自行车,一不留神把自行车弄倒了。他因为自己动作不利索而感到有点儿困窘。这时,旁边有个中国学生也在存自行车,看到杰森把他自己的自行车弄倒了,就笑了一下。杰森觉得这个中国学生很不懂礼貌,甚至有点儿幸灾乐祸的意思,所以感到很生气,很不友好地瞪了中国学生一眼就走了。

被人误会的握手

在巴基斯坦,有一位中文老师,请学汉语的学生去使馆看中文电影。有位刚结婚的学生把自己的妻子也带来了,老师见到后,主动与学生的妻子握了手,并且握得比较紧,表示自己真诚地欢迎。第二天上课时,这位学生满脸敌意,拒绝回答老师的问题,老师有点儿莫名其妙。下课后,另一位学生告诉老师,那位学生认为老师逼他妻子握手太失礼了。按照巴基斯坦的礼俗,男子不能主动跟陌生女子握手。老师解释说自己与他妻子握手是出于热情和友好,这才消除了误会。

【文化专题】

■ 中国人的非语言交际

非语言交际指的是语言行为以外的所有交际行为和交际方式或

第十三讲　非语言交际

手段。按类别来说,大致可分为四类:(1)体态语。基本姿势、基本礼节动作以及人体各部分动作所提供的交际信息等。(2)副语言(类语言、伴随语言)。包括沉默、话轮转接和各种非语言声音。(3)客体语。包括皮肤的修饰、身体气味的掩饰、衣着和化妆、个人用品的交际作用、家具和车辆所提供的交际信息。(4)环境语。包括空间信息、时间信息、建筑设计与室内装修、声音、灯光、颜色、标识等。

　　非语言交际在一定的具体语境的限定下可以独立地完成交际作用,如通过一个眼神让对方心领神会地拿什么东西,送一束玫瑰花给自己喜欢的女生可以表达爱慕之意,等等。但在绝大多数情况下,特别是在稍复杂的交际中,它只是对语言交际起一种辅助作用。这些辅助作用主要包括:重复、否定(所表达的意思可能跟语言行为相反)、代替、补充、强调、调节(交谈时,人们常常以手势、眼神、头部动作或停顿暗示自己要讲话、已讲完,或不让人打断)。

　　在人们的交际中,体态语(身势语、动作语)是最常用的直接参与交际的一类,而且在不同国家常常有不同的表现,同样的身势也可能有程度不同的含义,从而具有较大的跨文化比较价值。这里主要介绍中国与其他国家(主要是西方国家)有差异或有同有异的一些体态语。

　　握手　这一体态语并不是中国固有的,应该是从西方传过来的。但与西方人有些不同。初次见面,中国人握手前一般会点头招呼一下,一边说"你好",一边握手并上下晃动三四下(用力适中),上身微微前倾,以示敬意和热情。若是老友相逢,中国人则常用双手相握来表示内心的激动和喜悦,此时握手也比较用力。在美国,男人之间的握手常常都是很用力的,以显示他们充满自信或有权力。这在初次见面或关系一般、不怎么熟悉的中国男人看来,是没有礼貌的行为,让人感到不舒服、有压力。另外,在很多国家,异性之间,如果女方不主动伸出手来,男方是不能主动去握女方的手的,否则,会被视为无礼。随着妇女地位的不断提高,中国人虽然也渐渐地在接受这种方式,但很多人并不太忌讳这一点,特别是双方地位有差距时,无论男女,地位高的一方常常先伸出手来,地位低的一方则必须伸出手来与对方握手,否则就会被视为不敬。

拥抱、接吻 拥抱作为交际方式,在久别重逢的中国男人之间有时候能看到,但在一般人之间则难得一见。接吻在中国一般限于有非常亲密的关系的人之间,如父母和自己年幼的孩子之间、夫妻之间、恋人之间等,其他人之间一般不会出现这种亲昵行为。某些西方国家(如西班牙等),朋友之间,甚至陌生人之间,见面时互相亲吻面颊的体态语常常会让一般中国人觉得很不好意思。需要说明的是,中国人视接吻为非常私密的一种行为,一般不会在公共场合进行,在私人空间进行比较合乎情理。虽说少数现代中国青年受西方生活方式的影响,在大庭广众之下做拥抱和接吻的动作,但还是容易招致一般人的侧目。中国人深受儒家思想的影响,儒家含蓄、内敛、知廉耻的思想不仅影响了中国人的言语交际,对体态语等非语言交际也有很大的影响。

身体接触 美国等部分西方国家的人交谈时不喜欢离得太近,总要保持一定的距离,这与他们非常在意私人空间、注重个人隐私有密切的关系。与朋友、同事、上司说话时,最好要保持长于一个胳膊的距离,双方的高矮也会影响互相之间的距离,最佳的距离就是双方能做到平视对方。相对来说,中国人不太在意社交距离,主要视双方的关系远近而定。若初次见面,双方的距离会大致长于一个胳膊的距离,若是好朋友之间则距离可以更近。当然,跟领导说话,则距离

第十三讲　非语言交际

会比较远。中国自古以来讲究"男女之大防",比较在意异性之间的交往距离,一般不会太近。

年轻的女性朋友之间手拉着手,年轻的男性朋友之间手搭在同伴的肩膀上,都是比较自然的身体接触,只是表示她(他)们之间的关系很好,没有什么特别的含义。而在很多西方国家,同性之间这样的身体接触有同性恋之嫌。

乘坐公共交通工具时,素不相识的人可以挤在一起而相安无事,这大概是因为中国人口众多,人们已经习以为常了,而且儒家思想提倡忍让。在个人空间要求方面,中国人比大部分国家要小得多。

在中国,遇到母亲带着孩子时,熟人常常会抚摸孩子的头部,甚至搂抱一下,但这在美国父母看来是难以接受的,他们认为这样非常无礼,尽管他们知道你并无恶意。在泰国,除了国王以外,其他人抚摸别人(不管是大人或孩子)的头部都是非常不合适的,甚至把东西从泰国人的头上递过去都是没有礼貌的表现。

目光接触　中国人觉得紧盯着对方看是不怀好意,或者充满了挑衅的意味,甚至在谈话中也要避免目光较长时间的接触。当然这也要以双方关系的远近而定,关系的远近与目光接触时间的长短成反比。这与中国人注重人情、关系有关。美国人的表现有很大的不同,他们要求在谈话中必须有目光接触,保持目光注视是对对方有兴趣、尊重、认真听的表现。美国人常常鼓励小孩在问候和谈话中要正视对方,否则就是冷漠、紧张、软弱、腼腆的表现。

姿态、动作　很多中国人对交叉着双腿或双手坐着和别人说话这种姿势没有太强烈的感觉,他们也许认为这只是一种很随意的个人习惯而已。然而,在西方许多国家的人看来,这种姿态会让人觉得对方有所保留、不易接触，在有的情况下还会被认为是高高在上、显示权威的意思。在中国，受过较高水准教育的女士基本不会持这种姿势，她们一般会双腿紧靠在一起（尤其是穿着裙子的时候），这样显得庄重、得体、有修养。而在西方国家，女士交叉着双腿一般象征着专业态度和有修养。

中国人竖起大拇指表示"好"，伸出小拇指表示"坏、差"。而在美国等国家，大拇指朝上表示"搭便车"，大拇指朝下表示"坏"。用食指在太阳穴边转圈，中国人表示动脑筋思考，美国人则表示发疯。另外，用手指指着太阳穴还表示自杀。

很多西方国家的老师上课时常常很随便地坐在讲桌和课桌上，这反映了西方人的自由、随意和无拘无束，但在讲究"师道尊严""为人师表"的中国老师们看来是不很得体的举动，一般人会认为这样的老师没有老师的样子。

不同国家的非语言交际方式都深深地打上了所属国家、民族文化的烙印，都是所属国家、民族文化的反映。我们应该理解并尊重这种不同，不能想当然地以自己国家的非语言交际方式去判断其他国家的非语言表达方式的好坏对错。

【跨文化交际提示】

- 与中国人交谈时，不要一直盯着对方看，这会使对方感觉不自在。尤其是男性一直盯着女性看的话，会被误以为不怀好意。
- 在路上不小心被一个中国人碰了一下，他也许不说"对不起"或"不好意思"，但会向你微笑一下，同时还可能伴随着点头，这同样是表示歉意。

第十三讲　非语言交际

- 当你被介绍与中国女性认识时,在问好的同时,微笑着点点头也可以,不一定非得握手不可,除非她主动伸出了手。
- 如果你在路上看到年轻的中国女性之间手拉着手,年轻的中国男性手搭在同伴的肩膀上,不必大惊小怪,她(他)们只是很好的朋友。
- 当你与中国同事熟悉后,他跟你打招呼或有什么事时,有时可能会拍或拉你一下,不必介意,这只是表示你们的关系比较近而已。
- 到中国朋友家做客,不必太在意自己的着装打扮,干净、自然即可。但最好能带点儿礼物去,空手去只能使别人以为你比较小气,不懂礼节。
- 和一个新认识的人谈话时,他的双手总是不经意间抱在胸前,那说明他对你还是有所戒备的。

【常用熟语举例】

　　暗送秋波/察言观色/打躬作揖/低眉顺眼/举止不凡/眉飞色舞/眉来眼去/眉头一皱,计上心来/面不改色心不跳/摩拳擦掌/目不转睛/蹑手蹑脚/前仰后合/手舞足蹈/无声就是默许/喜笑颜开/相逢一笑泯恩仇/笑不露齿/眼睛是心灵的窗户/摇头晃脑/辗转反侧/抓耳挠腮/唉声叹气/卑躬屈膝/不屑一顾/侧目而视/愁眉苦脸/吹胡子瞪眼/垂头丧气/捶胸顿足/倒吸一口冷气/点头哈腰/拂袖而去/横眉冷对/交头接耳/看别人脸色行事/看人下菜碟/面红耳赤/面如土色/目瞪口呆/怒目而视/拍案而起/皮笑肉不笑/搔首弄姿/手忙脚乱/手足无措/笑里藏刀/袖手旁观/咬牙切齿/睁一只眼,闭一只眼/指指点点

【外国学生谈】

德国人与中国人的非语言交际

德国　艾咪

非语言交际是我们日常生活中非常重要的一部分。其实，日常交际中，非语言交际传输的信息有时比我们用语言表达的信息重要得多。据统计，发言的时候，我们用语言表达的内容只占7％，表达的方法占38％，而非语言的肢体语言、姿势、姿态等占55％。在纯德国文化或别的国家文化的环境中，非语言交际是一个很复杂的概念。很显然，在跨文化交际中，不了解别国非语言交际所代表的含义就很容易出现误会。

在脸部表情上，文化会影响人何时和如何表达情绪。例如西方人普遍对东方人有"难以解读他们的情绪"的刻板印象。对于德国人来说，最常见的"难以解读"的现象肯定是"中国人的微笑"。许多情况下，比如说传达不好的信息时，"中国人的微笑"会让德国人感觉是不恰当的反应。这有可能是因为东方社会相对拘谨、不鼓励人们表现自我，所以东方人的脸部表情较西方人少，也不像西方人那样相对容易被解读。

交际上的另一个方面是两个人之间的亲疏空间。德国人很重视比较大的亲疏空间，特别是第一次见面或跟一个比较陌生的人说话的时候。一般来说，人之间的距离至少1.5米，这被德国人称为"合适社会亲疏空间"。一般中国人的亲疏空间比德国人的小，所以德国人来中国以后，有时会由于很小的亲疏空间而感觉不舒服。

欧洲文化的身体接触也有特点。在许多亚洲国家，两个同性别的人在路上手拉着手散步是很常见的，而在德国这种情况会让别人

第十三讲　非语言交际

觉得他们是同性恋者。

其实,手是德国人很重视的身体部分。握手的时候德国人一般握得很有力,以表示对对方的尊重或表示自己的权力强,而中国人握手时常常是轻轻一握。这会使德国人感觉对方不如自己强,而中国人会觉得德国人太骄傲了。

跟别人说话的时候,德国人很重视看着彼此的眼睛,以表示对对方的尊重。但是中国人往往避免彼此看眼睛。这种情况下,德国人就会误以为中国人不礼貌。其实,中国人常常避免彼此看眼睛是他们表示尊重的方法。

日本人典型的身体语言举例

日本　中根可世子

点头。很多日本人在对方说了一句话时就点头,这时外国人很容易以为,这表示"明白、同意"。但是值得注意的是,这并不全意味着"说得对""明白了"。其实,很多时候这只是听了对方的话之后所做出的一种反应而已。不了解日本人"点头"含义的外国人若以为这是表示肯定,反而会使日本人感到意外。因此,在日本人和外国人谈话时很容易产生误会。反之,习惯于随声附和与点头的日本人,对在谈话中外国人没有任何动作反应会感到不安,会产生"这个人是否在听我说"的疑惑。

打招呼的方式。日本人之间打招呼基本上以鞠躬来表示。根据礼节轻重程度的不同,低头的角度也不一样。90度的鞠躬表示程度最高的敬意,在喜事、丧事等特殊的仪式上才会出现。二十年前的日本人还经常有45度的鞠躬,如今,日常生活中我们都不大能看到了,只有在一些活动的开幕式、毕业典礼等特别正式的场合下才能看到。

在一般情况下，日本人都轻轻地鞠躬打招呼，家人或朋友之间，只是简单地点点头就可以了。

另外，一般日本人行礼致意是互不接触身体的，接触他人的身体在日本被视为失礼的行为。中国有句话说"男女授受不亲"，在日本不用说男女之间，即便是同性之间也不随便接触身体。就日本传统来说，也没有握手的习惯，日本人有时候也握手，但大多是在日本人和外国人、竞选候选者和选民、明星和粉丝见面的时候。

【作业】

比较你们国家或别国与中国非语言交际的异同，有图片或视频说明请附上。

【扩展学习线索】

［美］莱杰·布罗斯纳安 《中国和英语国家非语言交际对比》，毕继万译，北京语言学院出版社，1991。

毕继万 《跨文化非语言交际》，外语教学与研究出版社，2009。

刘冠群、谢济光 中美身势语交际的文化共融性研究，《海外英语》2015年第1期。

马 文 非语言交际的文化冲突及克服，《山东社会科学》2000年第6期。

王 璐 空间语言与跨文化交际，《山东外语教学》2004年第4期。

吴为善、严慧仙 《跨文化交际概论》，商务印书馆，2009，180—205。

武彦君、赵 欣 浅谈跨文化交流中身势语的文化差异，《语文

第十三讲 非语言交际

学刊》2009 年第 3 期。

张　岚　俄、汉身势语的文化差异,《佳木斯教育学院学报》2012 年第 1 期。

郭　达、蔡　明主演　小品《黄土坡》,优酷。

【跨文化交际知识窗】

多接触社会与少接触社会

多接触社会是指在人们的交际过程中身体接触较多的社会,少接触社会是指身体接触较少或基本没有接触的社会。欧洲多数国家被认为是多接触社会,如在西班牙、葡萄牙、意大利等国,人们见面时会互相亲吻或拥抱,会有很多亲密的身体接触;北美洲被认为是少接触社会;在亚洲大部分地区,人们之间的接触则更少,如在日本,人们打招呼时习惯于鞠躬,触摸同事或朋友的行为是极为罕见的,连握手似乎都不多见。

多接触社会和少接触社会的产生受文化、范围、场合、对象、形式、气候等多种因素的影响,反映了不同国家的人对人际交往的不同态度,在跨文化交际中不可不察。

第十四讲

民间传统游戏

【跨文化问题导入】

- 你们知道几种中国传统民间游戏?
- 你们国家最有特色的民间传统游戏是什么?
- 民间传统游戏有什么特点?
- 为什么现在玩传统游戏的人不多见了?传统游戏还有没有价值?

【文化专题】

■ 中国的民间传统游戏

民间游戏是指流传于广大民众生活中的以少年儿童为参与主体的嬉戏、娱乐活动。游戏是竞技民俗中常见的娱乐活动。

民间游戏具有广泛性、自由性、竞赛性、趣味性的特点,内容具体、生动,形式活泼、轻松,也在一定程度上反映了民族文化的某些特点。

在这里,我们介绍一些代表性的中国民间传统游戏。

1. 丢手绢

小朋友们围成一圈蹲下,其中一个小朋友甲站起来,拿着手绢,

第十四讲 民间传统游戏

开始在其他小朋友身后绕外圈走或跑。蹲着的小朋友一边唱《丢手绢》一边拍手。《丢手绢》的歌词是：丢手绢，丢手绢，轻轻地放在小朋友的后边，大家不要告诉他；快点儿快点儿捉住他，快点儿快点儿捉住他。甲必须把手绢放在某个小朋友乙的身后，然后快速转一圈，跑到乙的位置上蹲下。乙发现身后有手绢后，必须马上拿起手绢去追丢手绢的甲。如果乙追上了甲，就算乙胜利；如果乙没有追上甲，甲在乙的位置上成功蹲下，就算甲胜利。失败的小朋友需要表演一个节目。节目表演完后，由上一轮失败的小朋友开始丢手绢。也可以在抓住了几个小朋友以后，让他们一起表演节目。

图 14-1　丢手绢　　　　　图 14-2　老鹰捉小鸡

2. 老鹰捉小鸡

游戏开始前先分角色，即一人当母鸡，一人当老鹰，其余的当小鸡。小鸡依次在母鸡后牵着衣摆排成一队，老鹰站在母鸡对面。游戏开始时，老鹰左晃右晃，一边叫着，一边做捉小鸡的动作。母鸡则尽全力保护身后的小鸡，小鸡们在母鸡身后左躲右闪。如果老鹰突破了母鸡的防线，快要抓住最后面的小鸡时，这个小鸡立即蹲下，双手捂住耳朵，这样老鹰得重新站在母鸡的前面，游戏就重新开始（这个环节可以没有)。而老鹰一旦突破了母鸡的防线,抓住了最后面的小鸡,就算老鹰赢了。被捉住的小鸡要为大家表演节目。

3. 击鼓传花

小朋友们围成圆圈坐下,其中一人拿花(也可以用其他小物品代替),一人背着大家或蒙眼击鼓。鼓响传花开始,鼓停传花停止。花在谁手中,谁就算被捉住了;如果花正好在两人手中交接,则两人可通过猜拳或其他方式决定胜负。被捉住的人需要表演节目。

图 14-3　击鼓传花　　　　　图 14-4　捉迷藏

4. 捉迷藏

适合两个以上小朋友一起玩儿,通过抓阄儿、手心手背、石头剪刀布等方式,找出一个人做"捉别人的人"。他蒙住眼睛,摸索着去捉他身边来回躲避的人。他捉住一个人后,就可以把布摘下来,交给被他捉住的人,由被捉住的人继续蒙着眼睛捉别人。这种游戏须在一个指定的相对小的空间内进行,否则难以捉住别人。这种游戏还有另一种玩法:"捉别人的人"用手蒙住自己的眼睛,其他人在规定的时间内找地方藏好,然后,"捉别人的人"放下手去找藏起来的人。如果

第十四讲　民间传统游戏

找的人把躲藏的人全部找到就赢了；如果在规定的时间内一直找不到躲藏的人，而是躲藏的人自己出来的，就算躲藏的人赢了。

5. 斗鸡/顶腿

至少两人以上玩儿，按照自己的习惯向前盘起一条腿，用双手抓住脚腕，使盘起的腿不落在地上。双方用单脚跳来跳去地对撞，其中一方把另一方盘起的那条腿撞开，使其双脚落地，或者直接把另一方顶倒，就算赢了。如果人比较多，可以分成人数相等的两个队按以上办法进行比赛，直到一方全部双脚落地或被顶倒为止。

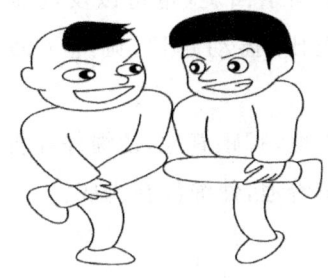

图 14-5　斗鸡/顶腿

图 14-6　滚铁环

6. 滚铁环

手捏顶部是 U 字形的铁棍或铁丝，推一个铁环（不要太小，以直径 60 厘米左右为宜）向前跑。有的还在铁环上套两三个小环，滚动时发出响亮的声音。滚铁环的动作有一定的难度，需要一定的技巧。个人活动、集体竞赛均可。有 50 米或 100 米竞速、100 米障碍（如过砖头、绕树丛、过独木桥等）、4×100 米接力等比赛项目。

7. 跳绳

跳绳　用脚掌起跳和落地，切记不要用全脚或脚跟落地。因为脚跟着地，时间长了可能会使脚踝和脊柱受伤。同时，膝盖应微微弯曲,缓和膝盖、脚踝与地面接触时的冲撞。当跃起在空中时,应自然弯曲身体,不要过分弯曲。

体重较重者宜采用双脚同时起落。同时,上跃也不要太高,以免关节因过分负重而受伤。

握绳 两手分别握住绳两端的把手,通常情况下以一脚踩住绳子中间,两臂屈肘将小臂抬平,绳子被拉直为合适的长度。

摇绳 向前摇时,大臂靠近身体两侧,肘稍外展,上臂近似水平,用手腕发力做外展内旋运动,使两手在体侧做画圆动作。每摇动一次,绳子从地面经身后过头部向上向下回旋(也可以反向做),绳子转动的速度和手摇绳的速度成正比,摇动越快,则绳子回旋越快。

停绳 向前摇时,一脚伸出,脚掌离地,脚跟着地,使绳停在脚掌下;向后摇时,一脚后出,脚跟离地,脚掌着地,使绳停在脚底。

图 14-7　跳绳

8. 丢沙包

两人分别站在两边丢沙包,其余的人就在中间躲来躲去。一般采取淘汰制。中间的人若被沙包击中就得充当"投手",如果用手直接抓住了丢过来的沙包则要加上一次"生存机会",游戏继续。

第十四讲　民间传统游戏

图 14-8　丢沙包

比赛规则示例：

第一，每队四人。

第二，比赛前抽签决定对手，猜拳或扔硬币决定先丢沙包还是先接沙包。

第三，每场比赛 10 分钟，上下半场各 5 分钟，中场休息 1—2 分钟。每场比赛设一名记时员。

第四，丢沙包的组每打中对方一次得一分，接沙包的组每接到一个沙包得一分。若双方得分相等，则以优先淘汰对方成员的一方为获胜方。也可以加时采用"突然死亡法"，即先得分的一方为胜方。

9. 跷跷板

两人或以上（双数）参与，分为两方。玩时，坐在跷跷板上，一方上去，一方下来。跷跷板上有一个抓手。多人玩时，每一方前边的第一个人抓住抓手，后边的人依次搂住前边人的腰部。当一方将跷跷板压下来时，马上用双脚用力蹬一下，使跷跷板翘上去。玩此游戏时应保持两边的力量大致平衡，否则，跷跷板会翘不起来或落不下去。

图 14-9　跷跷板　　　　图 14-10　抽陀螺

10. 抽陀螺

陀螺多为木制的，其形状为圆锥形，上大下尖，尖头一般嵌有一颗钢珠。也有塑料制或铁制的。玩陀螺时，将尖头着地，以鞭绳缠绕陀螺，然后猛地用力抽开鞭绳，使陀螺旋转（或者用手直接旋转陀螺），用鞭绳抽打陀螺，使其保持旋转。

11. 弹珠

珠子一般是玻璃球或钢珠。可以一对一玩儿，也可以数人一起玩儿。玩法通常有两种，即"出纲"和"打地洞"。"出纲"玩法是在地上画一条界线，看谁先把对方的珠子打出去，被打中的珠子就算被吃掉了。"打地洞"则是事先在地上挖出几个洞，先把珠子打进洞里的一方为赢，这与打高尔夫球有些相似之处。

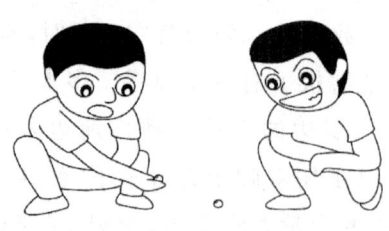

图 14-11　弹珠

第十四讲　民间传统游戏

12. 中国象棋

中国象棋棋子共有 32 个,红黑各有 16 个,各分 7 种,名称和数目如下:红棋子——帅 1 个,仕、相、车、马、炮各 2 个,兵 5 个;黑棋子——将 1 个,士、象、车、马、炮各 2 个,卒 5 个。

对局开始前,双方棋子在棋盘上的摆法见图 14-12。

图 14-12　中国象棋

对局时,一般由执红棋的一方先走,双方轮流走一步。轮到走棋的一方,可将某个棋子从一个交叉点走到另一个交叉点,或者吃掉对方的棋子而占领其交叉点。一方的棋子攻击对方的"帅(将)",并在下一步要把它吃掉,称为"将军",或简称"将"。"将军"不必声明,被"将军"的一方必须立即"应将",即用自己的着数去化解被"将军"的状态。如果被"将军"而无法"应将",就算被"将死"了。

中国象棋模拟的是古代战争,是直线战争、陆地战争、平面战争,与流行于欧洲的国际象棋很不相同。具体规则参看中国象棋协会颁布的《象棋竞赛规则 2011》。

■ 各国民间传统游戏

1. 掷柶戏(韩国)

此游戏是由两个以上的人玩儿的,通过掷出四块特制的木板,来确定游戏各方在棋盘上的棋子所走的步数。棋盘通常为正方形,四条边线和两条对角线上有棋点。棋子每方四个,如果谁的四个棋子先走一圈的话,谁就赢了。

图 14-13 掷柶戏

도(猪)——走一步;개(狗)——走两步;걸(羊)——走三步;윷(牛)——走四步,可以奖励再掷一次木板;모(马)——走五步,可以奖励再掷一次木板。

2. 无穷花开了(韩国)

选择一个人背对大家站好。他一说完"无穷花开了"后就迅速回头看,其他本来慢慢往前移动的人听到他说完最后一个字时,必须保持原有的姿势不能动,谁动了被他回头看到就算被抓住了。然后被抓住的人和他牵着手,直到有人走到他的身后,并在他没发现的情况下,打开他牵着的那些刚才被抓住的人的手,然后他就追大家,大家

第十四讲　民间传统游戏

跑,被追上的就再去背对大家按以上规则玩儿。

图 14-14　无穷花开了　　　　　图 14-15　鸭,鸭,鹅

3. 鸭,鸭,鹅(美国)

大家围成圆圈坐好。游戏前选好一个人开始。他在圈外边转着走,拍每个人的头顶。当他拍别人的头时,可以喊"鸭"或者"鹅"。当他喊"鸭"时,坐着的人不用反应,拍头的人继续走;当他喊"鹅"时,他需要开始跑,被拍到的人需要站起来追他。拍头的人的目的是跑到被拍者原来的位置,被拍者要使劲跑抓住他。如果拍头的人抢到了被拍者的位置,被拍者就成为下一个拍头的人;如果被拍者在拍头的人抢到自己的位置前抓住了拍头的人,拍头的人则继续上述过程。

还有一种玩法:如果拍头的人被抓住了,他就输了,不能继续玩儿,抓住他的被拍头者就变成拍头的人。

4. 红绿灯(美国)

一个人当路灯,站在一面墙前面,后背对着其他人。其他人的目的是到达路灯的位置。路灯喊"绿灯"时,其他人可以走或跑;路灯喊"红灯"时,其他人不可以走。但是,因为路灯不是面对其他人,其他人可以偷着走。如果路灯在喊"红灯"时扭头看到有人在动,动的人需要回到原点。第一个到达路灯位置的人就成为新的路灯,游戏重新开始。

图 14-16　红绿灯　　　　　　　图 14-17　套袋跑

5. 套袋跑（泰国）

玩儿的人进入袋子里，把两只脚放在袋子的两个角里。裁判喊"开始"，大家就跑或者跳，谁首先跑或跳到终点谁就赢了。

6. 吹青蛙/吹皮筋（泰国）

用橡皮筋代表青蛙，由两个以上的人进行比赛，通过剪刀石头布来决定谁先吹。比赛参加者轮流吹自己的青蛙，谁先把自己的青蛙吹到别人的青蛙上，谁就是胜利者，并得到对方的青蛙。

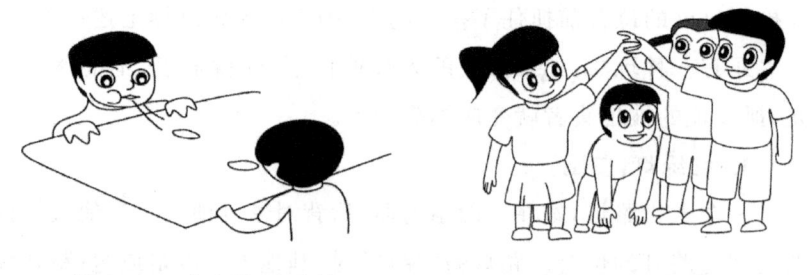

图 14-18　吹青蛙/吹皮筋　　　　图 14-19　小溪

7. 小溪（俄罗斯、乌克兰等斯拉夫国家）

孩子们分成两队站好（一般分为女孩队和男孩队），并排的两人

第十四讲 民间传统游戏

互相手牵着手举起来形成一个长长的"走廊"。一个不属于任何一队的人从前面进入这个"走廊",随便选一个人,牵着他(她)的手,把他(她)送到后面去,然后占据他(她)的位置。那个被送到后边的人又成了不属于任何一队的人,然后他(她)再到前边去,重复刚才的动作,游戏不断地进行下去。一般孩子们在音乐的伴奏下玩儿,或者一边玩儿,一边唱民歌。

8. 戒指(俄罗斯、乌克兰等斯拉夫国家)

孩子们围成一圈坐着,双手手掌扣在一起呈"船"形。游戏开始后,主持人把戒指(也可以用其他小东西代替)放在自己的"船"里,然后每走到一个孩子身边,都要做同样的把戒指放到孩子的"船"里的动作,但只有一个孩子的"船"里被放进了戒指。主持人转了一圈后说:"戒指,戒指,到外面去吧!""船"里有戒指的孩子要赶快跑出去,与此同时,其他的游戏参加者听到主持人的话以后,要马上抓住那个"船"里有戒指往外跑的孩子。

图 14-20 戒指

【作业】

做 PPT 介绍你们国家的民间传统游戏,要求有图片或视频。

【扩展学习线索】

陈建林、刘小坤主编 《少年儿童民间传统体育游戏》,学苑出版社,2015。

蒯大申、祁　红 《中国人的民俗世界》,安徽文艺出版社,2009,219—244。

牛建军、赵　斌编著 《中华传统民间游戏常识》,中州古籍出版社,2014。

王　慧编著 《中国传统游戏》,黄山书社,2013。

王小章主编 《中国社会心理学》,浙江大学出版社,2008,72—101。

萧　放 文化视野下的中国民间游戏娱乐,《民俗研究》1993年第1期。

易杏英主编 《儿童游戏大全——外国、港台儿童游戏精选》(续),中国广播电视出版社,1993。

中国象棋协会审定 《象棋竞赛规则2011》,人民体育出版社,2014。

【跨文化交际知识窗】

角色与对角色行为偏离的容忍度

"角色"这一概念是从戏剧术语中引入的,是美国哲学家和社会心理学家乔治·赫伯特·米德(George Herbert Mead)首先使用的。它指的是某一特定社会群体对另一特定社会身份群体的言行的期望。人们的社会交往,从内容到形式都在不同程度上取决于人们的角色关系。人们发出话语和理解话语绝不仅仅依靠语言本身,还要

第十四讲　民间传统游戏

依靠角色关系、社会身份、语言环境等因素。

社会是靠人际关系维持的，这些关系规定了社会角色。社会就相当于一个戏剧"舞台"，每个人都带着一定的"面具"在这个"舞台"上扮演某种规定的"角色"。每个人的社会角色不可能是单一的，人们在不同的时间、场合、环境下，根据不同的社会关系，会被要求担当不同的角色，并遵守不同的角色所规定的不同的准则。人们通过言行来扮演和完成各自的社会角色，同时又通过角色来预测别人的一言一行。

实际的角色和理想的角色之间总是存在着差距。但因文化的差异，人们对偏离理想角色的宽容程度又有所不同。有的文化对角色行为偏的容忍程度较高，有的则较低。相对而言，个人主义倾向的社会（如美国、法国等西方国家）对角色行为偏离的容忍度会高于群体主义倾向的社会（如中国、韩国、日本等东方国家）。

在对角色行为偏离的容忍度较低的社会，人们的言行程式化程度较高，相应地，可预测性也就较大；相反，对角色行为偏离的容忍度较高的社会，人们的言行程式化程度则较低，相应地，可预测性也就较小。

第十五讲

传统节日文化

【跨文化问题导入】

- 你能说出几个中国传统节日来？你最喜欢中国哪个节日？为什么？
- 你们感觉中国的节日和你们国家的节日相比有什么特点？
- 你们国家的代表性节日有哪些？有什么特点？
- 有人说，传统节日在现代已经日趋衰落，你同意吗？
- 东方的传统节日和西方的节日，你喜欢哪个？
- 有的人认为中国人春节放鞭炮是很不好的习俗，应该禁止，你同意吗？

【文化专题】

■ 中国的代表性传统节日

一、中国传统节日的特点[①]

第一，历史悠久。中国传统节日源远流长，几乎与中国历史同

---

① 部分内容来源于网络。

第十五讲　传统节日文化

步,大多数节日在先秦时期即已萌芽,到了秦汉时期便基本定型了。

第二,内容、形式丰富多样。传统节日可分为人、鬼、神三类。人节有春节、端午、中秋,重在人伦活动;鬼节有清明、中元、十月一,为追怀亡灵;神节有三月三、六月六、九月九,重在祭祀天神。中国的传统节日根据节日类型又可分为农事节日、祭祀节日、庆贺节日、娱乐节日等。

第三,重伦理观念、礼节仪式。中国文化一向重视人伦、亲情。如祭祖是春节习俗中最古老的内容之一,其目的在于感谢祖先功德,并祈求祖先在新的一年里保佑全家幸福安康。祭祖也有团结家族、增进家庭关系的作用。

第四,崇尚鬼神迷信。最早的节俗活动,意在敬天、祈年、驱灾、避邪;节日的歌舞活动,意在娱神;上供,意在贿神;制作、佩戴饰物,则是为了驱鬼。

第五,讲究节日饮食。每一个节日都有一套特定的饮食习俗。如春节吃饺子、年糕,中秋节吃月饼,端午节吃粽子,元宵节吃元宵,等等。

第六,传承性。比如元宵节的灯会和吃元宵,清明节的扫墓和踏青郊游等,都是从古代传承下来的。

第七,变异性。中国人生活的地域环境不同,生产生活方式有异,这决定了节日习俗在发展过程中会发生变化,加之中国各民族的几次大融合以及社会的发展,都使得民俗发生了不同程度的变异。

第八,带有浓厚的农耕文明的色彩。中国长期处于农业社会,中国的主要传统节日都是由四时令节转换而来的,具有浓厚的农业色彩。这与西方传统节日大都带有鲜明的宗教色彩截然不同。

二、春节

春节又叫阴历（农历）年，是中国最热闹、最有代表性的传统节日。从农历正月初一开始，到正月十五结束，有些地方甚至持续到正月底才算结束。所以，人们常说：不出正月不算过完年。

春节约有四千多年的历史，源远流长。古代的春节又名元日、元旦、新年等。1912年，孙中山就任中华民国临时大总统时，宣布中华民国改用阳历，以阳历1月1日为新年，称"元旦"，将阴历的"元旦"改称"春节"。

过春节俗称"过年"，关于"年"有很多传说，其中流传较广的一个是这样的："年"是古时候的一种凶猛怪兽，每当到了年末就出来祸害人间。腊月三十的晚上，它到了一个村子，恰巧遇到一个牧童在甩鞭子，"啪啪"的响声吓得它狼狈逃窜。随后，它又跑到了第二个村子，看见有一家门口晒着两件大红颜色的衣服，又吓得仓皇而逃。然后它又溜到了第三个村庄，望见闪闪的火光，又慌忙地逃之夭夭了。从此，人们就知道了"年"怕"响、红、火"，于是，每到春节的时候，人们就放爆竹、贴春联、挂红灯，以求安宁。这些都逐渐变成了春节习俗的文化元素。

除此之外，春节的其他习俗还有：

守岁 "一夜连双岁，五更分二年。"在很久以前，除夕之夜（阴历十二月二十九日或三十日晚上，新年前的最后一天晚上），全家人围坐在饭桌旁吃年夜饭，饭后，大家围坐在炉子旁边闲聊，通宵不睡，等着辞旧迎新时刻的到来。通宵不睡，被称为"守岁"，象征着把一切瘟疫病邪驱光赶尽，期待着新的一年吉祥如意。自1983年开始，中国中央电视台（CCTV）年年都要举办"春节联欢晚会"，看春晚成了除

第十五讲 传统节日文化

夕晚上到初一凌晨陪伴大家守岁过年的不可缺少的新的年俗。

燃放开门爆竹 农历新年初一的早上,人们在彻夜不眠地度过旧年的最后一天后,开门迎接新年的第一天,要先放爆竹庆贺。鞭炮声后,碎红遍地,室内室外,张灯结彩,谓之"满堂红"。喜庆之日由此开始。

迎神、祭祖 传说新春佳节之际,天上的神仙都要来到人间与民同乐,人们便要迎神下凡,祈求神灵赐福降吉祥,俗称"迎喜神"。喜神主要有灶王爷、土地神、财神、福神等。过去老百姓家的日子大多都比较穷苦,所以,人们非常渴望发财致富,过上丰衣足食的好日子,希望财神保佑自己发财是人们的普遍心理,因此,财神受到人们特别的礼遇。

中国人每逢节日、喜庆时有缅怀自己祖先、强调家族血缘关系的传统。春节自然也不例外。正月初一,人们要把祖先的牌位供在正厅祭拜,家有祠堂的,子孙要前去拜祖。

拜年 初一,人们通常先给家中的长辈拜年,然后相互拜年。拜年的方式多种多样。"家拜",即家族之间拜年,一般是先在家里进行,然后再出去向四邻好友拜年。亲戚之间的拜年,从初二或初三开始,大人领着孩子,带着礼品,轮流到亲戚家拜年。此外,还有"团拜"(即团体拜年)、贺卡拜年。现在除了纸质贺卡以外,还有了电子贺卡、手机贺年短信等新的拜年方式。

压岁钱 过年时,长辈要给孩子"压岁钱"。拜年时,有些地方晚辈特别是小孩子要给长辈叩头拜年,长辈把带有吉利数字的压岁钱给孩子们,算是新年的见面礼。

归宁 归宁是由新婚夫妇于婚后三天"回门"的习俗沿袭而成,即夫妻俩领着孩子、带着礼品到妻子娘家去。通常正月初六是归宁日,也有在初三去的。

包饺子、吃年糕 这是春节最有代表性的节日食俗。新的一年的零点(古代叫子时),人们要吃除夕包好的饺子,取"更岁交子"之意,即新旧年交替从子时起的意思。这就是"饺子"一词的由来。北方人春节最喜欢吃饺子,南方人则喜欢吃年糕和汤圆。饺子的形状像元宝,寓意多多发财;年糕寓意生活一年比一年好、收成一年比一年高("糕"和"高"谐音);汤圆则寓意团圆、圆满。

三、中秋节

中秋节在农历八月十五,是仅次于春节的第二大传统节日。中秋节又名仲秋节、秋节、月节、团圆节等。因为农历八月十五处于秋季的正中,所以称作"中秋"或"仲秋"。

在唐代,中秋赏月就已经成为民间风俗,宋朝太宗年间正式确定农历八月十五为中秋节。明代,吃月饼开始成为中秋习俗。

中秋节流传最广的神话故事是"嫦娥奔月":相传嫦娥是后羿的妻子。当时,天上有十个太阳,后羿为民除害,用箭射落九个,只留下一个太阳,使人们可以正常生活。后羿从昆仑山西王母那里得到一种"不死药",这种药,一个人吃了可以升天,两个人分吃可以长生不老。后羿有个徒弟叫逢蒙,他趁后羿八月十五出猎不在家,逼迫嫦娥交出不死药。为了不让逢蒙抢去,嫦娥便一口吞下不死药。吞下药后,嫦娥慢慢地飘了起来,居然身不由己地飞上了月宫。后羿思念妻子,便在院子里设下供案,摆上瓜果食品,面对月亮遥祭嫦娥。于是便形成了八月十五赏月的风俗。

祭月赏月、拜兔儿爷、亲人团圆等是中秋节的主要活动。民间信仰认为,月为月神。中秋节时有一系列祭月活动。祭月的方式很多,

第十五讲　传统节日文化

祭月的供品多为圆果圆饼,如月饼、桃、梨、枣、杏、苹果、西瓜等。中秋节的晚上,老人常给孩子讲述有关月亮的故事,如嫦娥奔月、吴刚伐桂、玉兔捣药等。一家人团聚在一起品尝月饼瓜果,观赏明月,其乐融融。

亲人团圆也是中秋节的习俗之一。不能回到故乡的亲人也都习惯于在这天晚上举头望月,寄托自己对家乡、亲人的思念之情。故而,人们又把中秋节称作"团圆节"。

中秋节的食俗也很有特色。月饼无疑是最有代表性和普及性的,它是一种以面粉和馅料作为原料制作而成的圆饼点心,种类极其繁多,有京式、广式、苏式、潮式、宁式、滇式等百余种,口味有甜有咸,馅料有荤有素。除了月饼以外,饮桂花酒、吃西瓜等也是中秋节的饮食习俗。

【跨文化交际提示】

- 春节、中秋节等传统节日带有很浓厚的家庭、家族色彩,是中国人家庭团聚的重要节日,在这些节日期间一般不要到中国人家里做客。
- 过节期间,如果中国人真诚地邀请你去他家做客,你也不妨答应下来。这说明他很看重你,把你当作不一般的朋友看待。
- 过节期间去中国人家里做客是亲身体验真实的中国文化的十分难得的机会。当然,别忘了带些礼物去。
- 与城市相比,农村地区更充分地保留了传统节日文化的一些特色。如节日期间有机会去家在农村的朋友家做客,可千万不要错过。

【常用熟语举例】

八月十五月正圆,中秋月饼香又甜/爆竹声中一岁除/不出十五就是年/辞旧迎新/但愿人长久,千里共婵娟/二月二,龙抬头/恭贺新春/恭喜发财/过了腊八就是年/过年过在嘴上/合家团圆/花好月圆/欢天喜地过大年/开春大吉/每逢佳节倍思亲/清明插柳,端午插艾/清明前后,点瓜种豆/清明时节雨纷纷,路上行人欲断魂/三十的焰火,十五的灯/三十晚上熬一宿,初一初二满街走/三十晚上扭一扭,大年初一拱拱手/岁岁平安/五福临门/五谷丰登/五月五,划龙舟,过端午/喜迎新春/一夜连双岁,五更分二天/有钱没钱,团聚过年/月到中秋分外圆(明)/月是故乡明(圆)/ 正月十五闹元宵/正月正,耍龙灯

【外国学生谈】

俄罗斯元旦文化(摘录)

俄罗斯　薇拉

俄罗斯人比较重视过元旦,因为新年在我们国家是最重要的节日。俄罗斯有句老话讲:"怎样庆祝新年的到来,新的一年就将以怎样的方式度过。"

在俄罗斯,元旦是团圆的节日,一般来说,大家会在家里过新年,而且12月31日的晚上一定要和家人、朋友在一起吃饭。关于过新年的时间,虽然每年的1月1日是新年,但俄罗斯的假期安排常常不一样,2011年新年假期是从12月30日开始,到2012年1月8日结束。与许多西方国家不同,俄罗斯的家庭冬季假期的开始日是元旦而不是圣诞节。这个传统源于苏联时期,因为当时的宗教节日都被

第十五讲　传统节日文化

世俗节假日所取代。不过装饰小松树、与家人一起庆祝冬季假期、交换礼物等习俗还是保留下来了,只不过过节的日子不同而已。

俄罗斯的元旦风俗很多。很多人认为俄罗斯人过新年和西方过圣诞节完全一样:送礼、在家里摆放圣诞树、家庭团圆等。但实际上这两个节日有很多差异。首先新年到来之前,人们开始忙碌,家家户户要打扫卫生、采购精美食品、装饰新年松树,准备迎接新年。街道上处处摆着五彩缤纷的圣诞树,树上挂满了各种饰物,有各种各样的彩带、彩灯、小礼物等。过新年从12月31日晚上开始:大家先要"送旧年",就是和家人、朋友一起吃饭、喝酒。俄罗斯新年的餐桌是格外丰盛的,各式的开胃冷盘、热菜、甜点,让人垂涎欲滴。香槟是必不可少的。当克里姆林宫的自鸣钟响过12点时,播音员就向全国人民祝贺新年。此时,人们停止一切活动,高呼"乌拉!",相互祝贺,开怀畅饮。按照俄罗斯的习俗,庆祝新年应该先喝香槟酒,然后再喝其他美酒,并享用新年晚餐。

元旦对于孩子来说有特殊的意义。在俄罗斯,新年给孩子们的感觉是神秘。他们相信12月31日的晚上是全年最有魔力的,因为那时候俄罗斯的圣诞老人会过来给孩子们送礼物。俄罗斯的圣诞老人和欧洲、美国的Santa不一样。在俄罗斯、乌克兰、波兰、塞尔维亚、马其顿以及其他一些前苏联加盟共和国,大家都把圣诞老人称为"严寒老人"。根据我们的传说,"严寒老人"还有一个孙女,叫"雪姑娘"。他们俩是新年前夕俄罗斯孩子最渴望见到的人。传说每个新年前夕,"严寒老人"都会从大乌斯秋格出发,先到一个名叫科斯特索姆的小镇接上孙女"雪姑娘",然后两人再一起坐着俄罗斯传统的三套马车,进行全国大巡游,给俄罗斯各地甚至全世界的孩子送去新年礼物和祝福。

在俄罗斯,新年有特别的气氛。在新年长假里,俄罗斯人相互串门,到郊外游玩,参加冬季体育运动。很多人都看和新年有关的电影、电视节目,去滑冰、滑雪、打雪仗等。每个城市、每个小镇都很热闹。

美国的感恩节

美国　布杰思

每年11月的第四个星期四是美国人的感恩节。这一天全家人一起吃喝玩乐。大多数美国人会告诉你我们小学历史课本上的感恩节的故事,不过现在历史学家都同意,感恩节的来源比那个儿童故事复杂。不管那个故事是否正确,现在过的感恩节与1621年过的"第一个"感恩节已大相径庭。

传说第一个感恩节是为了庆祝1621年秋天的丰收。从英国移民到美国的清教徒刚到美国过的第一个冬天经受了严酷的考验。其中一半的人死亡了。第二年,来自美洲万帕诺亚格部落的土著人萨莫塞特和斯匡托教会他们怎么种玉米、南瓜和豆角以及怎么捞鱼。为了感谢土著人的帮助,威廉·布兰福德镇长安排四个人出去抓猎鸟(不一定是火鸡,因为那时英语中的"turkey"是指任何猎鸟),并组织了宴会。90多个土著人参加宴会,并带来了鹿肉和菜。宴会持续了三天。除了猎鸟和鹿肉之外,他们还吃了鱼、浆果、南瓜、水芹、葱、龙虾、水果干、蛤蜊、李子和玉米饼。具体举行的日期没有证据证明是哪一天,据历史学家说应该是在9月21日和11月9日之间。此活动也是一次性的,第一次美国人过感恩节是50多年以后。

现在的感恩节,除了吃很多食物之外,与第一个感恩节没有太大的关系。个别比较虔诚的家庭还会在这一天感谢上帝赐予的东西,

第十五讲　传统节日文化

但是一般的美国家庭把这种活动换成了一些新的"传统"。从 20 世纪初开始,每年感恩节会有几场美式橄榄球比赛,现在举国上下吃完饭都坐在电视机前面看球赛。感恩节还有一个从 20 世纪初开始的新"传统",就是梅西(Macy's)感恩节大游行。这也是现在过感恩节电视上的一个重要节目。游行仪式从黑色星期五开始,火爆的购买圣诞节礼旺季也随之开始。另一个更新的"传统"是每年在白宫后院总统"赦免"火鸡。从 19 世纪开始,年年有送总统火鸡的习惯,但是 1963 年肯尼迪总统可怜一只火鸡并把它释放了。第一次正式"赦免"火鸡是在 1989 年,当时乔治·赫伯特·沃克·布什总统对记者们说:"我向你们和此公火鸡保证,这家伙将不会出现于任何人的餐桌上。现在它已经获得了总统赦免权。"

美国人现在过的感恩节与"第一个"感恩节截然不同,但是此传统节日仍然非常受欢迎。在这四天假日期间,美国人与家人纵情宴乐,欢聚一堂。

日本儿童节(男孩节、端午节)

日本　三宅真理

日本的阳历 5 月 5 日是儿童节,这一天同时也是男孩节、端午节。在这一天,有儿子的家庭一般都会在院子里或阳台上悬挂"鲤鱼旗"。"鲤鱼旗"的大小、颜色以及各自的象征都不一样。其中,最大的黑色鲤鱼旗代表父亲,下面的红色鲤鱼旗代表母亲,最小的青蓝色鲤鱼旗代表男孩子。因为有"鲤鱼跳龙门"的说法,所以我们日本人认为鲤鱼是力量和勇气的象征,表达了父母期望子孙成为勇敢、坚强的孩子的愿望。这天在家里还摆放武士人偶,吃槲树叶包的糕团(称"柏饼")或日式粽子,全家祝孩子们健康成长。由于"菖蒲"和"尚武"

谐音,所以,晚上在浸有菖蒲的浴池洗澡驱邪。虽然这天叫"儿童节",但鉴于3月3日是女孩节(桃花节),因此,5月5日在家里主要是为男孩子庆祝,故而,这天也叫男孩节。不过,不管是男孩还是女孩,这天都可以享受到父母的祝福,社会上也会举办各种庆贺活动。

【作业】

请介绍一下你们国家具有代表性的传统节日,附图片或视频。

【扩展学习线索】

郭贵丽、张立玉　中西方传统节日的文化差异,《武汉工程大学学报》2010年第8期。

蒯大申、祁　红　《中国人的民俗世界》,安徽文艺出版社,2009,1—44、111—112、177—180。

李　欣　比较视野中的中西传统节日文化,《中州学刊》2008年第4期。

刘　琼　中国的孝文化漫谈,《文学教育》(上)2010年第11期。

王文章、李荣启　中国传统节日的文化内涵,《艺术百家》2012年第3期。

武世同编　《中国人的20个传统节日》,经济科学出版社,2011。

严敬群主编　《中国传统节日趣闻与传说》,金盾出版社,2010。

叶琳娜　中韩节日的文化内涵浅析,《赤峰学院学报》(汉文哲学社会科学版)2016年第3期。

张丽丽　从跨文化交际角度看中西传统节日禁忌,《赤峰学院学报》(汉文哲学社会科学版)2012年第2期。

张　欣编著　《中国社会文化礼俗》,上海大学出版社,2000,

第十五讲　传统节日文化

209—266。

钟巧玲　浅谈传统节日中的禁忌民俗,《广西师范学院学报》(哲学社会科学版)2006 年第 S1 期。

张　强　《2012 我的春节记忆》(在家的记忆),优酷。

【跨文化交际知识窗】

文化冰山理论

"冰山理论"是奥地利著名精神分析学家弗洛伊德首先提出来的。该理论认为,人格中的有意识层面只是露出水面的冰山一角,人的心理行为的绝大部分是冰山下面的那个巨大的三角形的底部。这一部分虽然看不见,但正是这一看不见的部分决定着人的行为。把这种理论运用到跨文化交际领域就形成了"文化冰山理论",它主要研究组成文化的要素中的显性部分和隐性部分对人们交际的影响以及它们之间的关系。

文化就像是一座冰山,人们对露出水面的可见可感的建筑、艺术、音乐、烹饪、语言、生活方式、行为方式、交际方式等表面的现象比较容易观察和识别。然而,对潜藏在水面以下的部分,如价值观念、思维方式、心理状态、动机、态度等却难以发现和认知。这些因素是基础性的部分,正是这些潜藏的因素决定着表现于外的建筑、艺术、音乐、烹饪、语言、生活方式、行为方式和交际方式等。不了解这些潜藏的文化因素,就难以充分而又准确地判断、认识人们的交际行为。

这一理论告诉我们,了解和理解来自异文化的人是十分困难的。它可以作为我们进一步审视其他文化的出发点,帮助我们认识到为什么我们有时候难以了解和理解与我们自己的文化不同的其他文化。

附录一

关于国外生源汉硕"跨文化交际"课程教学的思考*

赵金铭(2011)指出:"从长远的眼光来看,最重要的是,大力培养本土化的汉语教师。"①张和生(2011)也指出:"招收国外生源是解决汉语教师本地化问题的最佳选择","扩大国外生源则是本专业学位的一个重要发展方向"。②

国内生源汉语国际教育硕士(简称"国内汉硕")由于各种主、客观的原因,出路堪忧,能在国外或愿意在国外长时间工作的并不多,大部分人还得在国内就业。而在国内就业的,真正从事对外汉语教学的亦不多见。这是对国家投入的巨大浪费,也有违设立这一专业学位的初衷。

从必要性和现实性来看,国际汉语师资建设的重心转向本土教师的培养已是汉语国际教育发展的趋势。国外生源汉语国际教

---

* 作者:王晖、张淑慧。发表于《国际汉语教育人才培养论丛》(第四辑),北京大学出版社,2014。

① 赵金铭 国际汉语教育研究的现状与拓展,《语言教学与研究》2011年第4期。

② 张和生 汉语国际教育专业硕士培养中若干重大问题的思考,《国际汉语教育人才培养论丛》(第二辑),北京大学出版社,2011。

附录一 关于国外生源汉硕"跨文化交际"课程教学的思考

育硕士(简称"国外汉硕")的教育是培养国际汉语教师的非常重要的一个方面,搞好对他们的培养无疑大大有助于汉语教师本土化目标的实现,或者说未来国际汉语教师培养的主力军应该是国外汉硕。

要高质量地培养国外汉硕,课程建设无疑是其中最为重要的一环。"跨文化交际"是学位核心课程之一,是完成培养目标中的跨文化交际能力的最主要课程,这门课对培养学生的跨文化交际能力具有举足轻重的作用。

一、对有关文件中与跨文化交际相关内容的解读

(一) 指导性培养方案

2010年下发的《全日制汉语国际教育硕士专业学位外国留学生指导性培养方案》(简称《外研方案》)中与跨文化交际直接相关的课程是《跨文化交际》(学位核心课程)、《中外文化比较》(拓展课程)。2009年下发的《全日制汉语国际教育硕士专业学位研究生指导性培养方案》(简称《中研方案二》)中与跨文化交际直接相关的课程是《跨文化交际》(学位核心课程)、《中外文化交流专题》、《礼仪与国际关系》。另外,我们注意到,2007年制定的《汉语国际教育硕士专业学位研究生指导性培养方案》(简称《中研方案一》)中与"跨文化交际"课相对应的课程名称为"中华文化与跨文化交际",也有"礼仪与国际关系"课,没有"中外文化交流专题"课。

比较一下可以看出,《外研方案》和《中研方案》都比较重视跨文化交际类课程。考虑到国外汉硕培养的特点,《外研方案》特别注意了中华文化和中外文化的比较。

（二）必修课课程指导说明

全国汉语国际教育硕士专业学位教育指导委员会（简称"汉教指委"）在下发《中研方案一》以后，还下发了《汉语国际教育硕士专业学位研究生培养必修课课程指导说明》（简称《指导说明》）。该《指导说明》对"中华文化与跨文化交际"课程从课程性质、课程目标到课程基本内容、课程安排及建议、课程评估与考核、主要参考文献六个方面做了详细的说明。这些说明对于我们进一步明确教学目标和教学内容、组织课程教学、采用何种教学方式、如何对学生进行考核等都具有很强的指导意义。其中的"课时安排"部分列表给出了每周所要讲述的内容，这对我们确定国外汉硕的跨文化交际课的教学内容具有很好的借鉴、参照价值。

令人稍感遗憾的是，《指导说明》只是面向国内汉硕的。在此，我们建议相关部门能够组织有关专家编写一份面向"国外汉硕"的核心课程《指导说明》。这样的话，我们制订课程教学计划时会更加有的放矢、心中有数。

（三）国际汉语教师标准

国家汉办2012年对2007年发布的《国际汉语教师标准》进行了修订，这是一份纲领性的文件，为培养合格的国际汉语教师制定了明确的细化的标准。

该标准加入了跨文化交际能力，并对此有详细描述：了解世界主要文化的特点；尊重不同文化，具有多元文化意识；能自觉比较中外文化的主要异同，并应用于教学实践；了解跨文化交际的基本原则和策略；掌握跨文化交际技巧，能有效解决跨文化交际中遇到的问题；

附录一 关于国外生源汉硕"跨文化交际"课程教学的思考

能使用任教国语言或英语进行交际和教学。

虽然修订版的《国际汉语教师标准》感觉主要还是针对国内汉硕的,但对培养国外汉硕也是基本适用的。我们为国外汉硕开设"跨文化交际"课程时无疑也当以此为追求的目标。

二、对培养对象的分析

(一) 国外汉硕与国内汉硕之不同

国外汉硕来自不同的国家,各国学生文化背景各异,在价值观、思维方式、情感取向、行为方式等诸方面有较大的差异。与国内汉硕相比,进行跨文化交际具有得天独厚的优势。国内汉硕因为缺乏现实的跨文化语境和跨文化交际对象,所以,在进行课堂教学时,教师容易流于理论的讲述和用于证明理论的案例分析,学生的讨论也很容易根据自己的一知半解,或自己所获得的间接经验隔靴搔痒、蜻蜓点水地进行,所谓的交际也只能是一种虚拟的交际,缺乏与异文化交际对象深入、直接的交流。而国外汉硕则完全不同,各个国家的留学生都有自己不同的文化背景,在一个课堂上自然地就形成了一个跨文化交际的小语境。这里既有来自不同文化背景的各国同学,也有对中国文化有比较深入体验和理解的中国教师的指导和参与,这样,中国文化和其他各国的文化以及各国文化之间就能形成各种交流与碰撞,能最大限度地使学生体验到不同国家的不同文化,进而扩大他们的眼界,培养他们敏锐的跨文化意识。

(二) 国外汉硕的汉语水平

随着世界上学习汉语的人越来越多,汉语水平达到中级以上的外国人大量增加。但是,我们也应当看到,作为国外汉硕来源的汉语学习者的水平也是参差不齐的,相当多的学生虽然已经获得了 HSK 高级证书,但实际的口语和书面表达能力尚不能很好地满足教学的需要。正因为如此,汉教指委专门为他们量身制定了《外研方案》,并在其中专门为他们设立了一门"高级汉语"课程(核心课程)。

(三)国外汉硕的需求

我们的培养对象毕业后回到自己的母国就将成为本土汉语教师,并不像国内汉硕出国教学那样本身就面临跨文化交际的问题,而是在中国经过多年的学习,基本解决了跨文化交际的问题以后,面向本国学生进行汉语和中国文化教学。他们的教学对象在学习汉语的过程中,会遇到诸多因本国文化与中国文化不同而影响交际的问题。这些与语言交际有关的文化问题才是国外汉硕和他们的学生最需要了解和关注的问题,因此,这也应该是我们开设"跨文化交际"课程的用力之所在。

考虑到现实情况以及培养目标和要求的不同,我们认为国外汉硕和国内汉硕以分班教学为宜。很多老师认为混班上课不一定是最好的教学方式,"在条件允许的情况下,中外学生分开上还是最有效的"[①]。

三、对本课程的理解和授课内容

(一)课程名称:中国文化与跨文化交际

最初的《中研方案一》的课程名称是"中华文化与跨文化交际",

---

① 吕俞辉 本土化培养背景下的跨文化交际案例分析课程教学探索,《国际汉语教育人才培养论丛》(第三辑),北京大学出版社,2012。

附录一 关于国外生源汉硕"跨文化交际"课程教学的思考

后来的《中研方案二》和《外研方案》,课程名称都是"跨文化交际",大概主要是因为另开设了"中华文化专题"或"中华文化与传播"而各司其职的缘故。

我们认为该课程的名称叫"中国文化与跨文化交际"比较妥当。之所以不叫"中华文化"而称"中国文化",是因为前者给人的感觉是中华圈的事,叫"中华文化"对中国学生合适,但面向外国人用此名称就未必妥当,这也不符合现在一般对"中华"一词使用的习惯。

加上"中国文化"更突出本课程是中国文化有关内容与学生母国或他国文化的比较,是该课程的重要的一极。

(二) 对课程的理解与授课内容的设想

1. 对课程的理解

从汉教指委对培养方案的修改我们感觉到,该课程的中国文化和跨文化交际两部分似乎是一种松散的加合关系,所以,后来就分成了两门课程。但我们理解,两者应该是一种紧密的组合关系:在同一主题下,进行中国文化和外国文化的跨文化比较。该课程应该是:以中国文化中影响交际的相关内容为起点,以跨文化交际对比为落脚点,通过该课程的学习,使学生比较全面地掌握与跨文化语言交际有关的文化内容,并通过与本国相关内容的比较,加深对影响跨文化交际的中国人和本国人的价值观念、思维方式、情感取向、行为方式等的理解和认知,最终培养学生拥有全面的跨文化交际意识,特别是用汉语与中国人交往的跨文化意识。

该课程应该特别强调实践性和应用性,除了一些最基本的概念和最基础的理论性的知识外,尽量避免抽象的理论说教。实际上很多院校把它开成了案例分析课,这是非常切合实际的。通过实际的案例分析和不同文化的对比,许多理论性的东西会水到渠成地产生出来。我们可以想象一下,若干年后,我们培养的国外汉硕在面对他们的学生教学时,基本不会讲什么跨文化交际理论知识,而是讲在什么情况下中国人会怎么做、怎么想,他们国家的人会怎么做、怎么想,等等。

2. 对授课内容的设想

通过前边对国外汉硕的教学需求的分析,我们认为,跨文化交际课的内容不宜涉猎太广,以解决语言交际过程中可能遇到的直接影响交际的跨文化问题为主要内容,其他相对来说间接影响交际的文化内容(如哲学、政治、历史等)可以由其他文化课承担。

在这儿我们比较认同张占一(1990)所提出的"交际文化"的概念。[①] 这种"交际文化"主要是一种"内隐文化",主要包括价值观念、思维方式、情感取向等,这是人们在长期的文化历史发展中积淀而成的深层的东西,对人们的交际形成了直接的影响。

与此同时,我们也不能忽视一些与语言交际有密切关系的其他内容,如非语言交际、酒文化、饮食文化、婚姻文化、节日文化等。通过这些文化内容的了解,能够更深入地体会上述内隐文化对中国人的影响。我们在引入这些文化内容时,主要也不在于知识的讲述,还是以交际为旨归,为交际服务的。

总而言之,我们大可不必受一些学说的影响而禁锢我们的头脑,一切从实用出发,只要是有助于学生跨文化交际的顺利进行和跨文化交际问题的解决的内容,都可以吸收到我们的课程中来。

---

① 张占一 试议交际文化和知识文化,《语言教学与研究》1990 年第 3 期。

附录一 关于国外生源汉硕"跨文化交际"课程教学的思考

3. 具体授课内容

教学周	内　　容
1	本课程说明、跨文化交际知识介绍
2	中国人的特点
3	中国人的人情与关系
4	中国人的面子
5	中国的官本位
6	中国的群体与个人
7	中国的礼貌与礼仪
8	中国人的婚姻
9	中国家庭关系
10	中国餐饮文化
11	中国酒文化与饭局
12	中国颜色文化
13	中国数字文化
14	中国非语言交际
15	中国民间传统游戏
16	中国代表性传统节日：中秋节、春节等
17	总结、复习
18	考试（小论文）

四、教学模式与授课方式

作为跨文化交际课程，常见的教学模式大致可以归结为：理论说明—案例分析—讨论—总结。此种模式也许比较适合国内汉硕的需求，但对国外汉硕来说则未必合适。根据我们的经验，学生受语言能力的限制和思维规律的影响,一般对理论先行的授课方式不大感兴趣,而更钟情于通过丰富典型的实例自然总结出规律性的东西来。

我们设计的教学模式可以概括为以下几个环节:跨文化问题导入—典型案例分析—中国文化相关专题介绍—讨论发言—总结。

我们的课程时间安排和进行方式如下:

第一,时间安排。第一次第一课时讲授跨文化交际的基本知识,第二课时进入第一主题。以后每次课程结束时,给学生布置作业,学生根据老师的要求,通过各种渠道(网络、书籍等)搜集资料或采访中国人,形成自己的发言稿(或制作PPT),为下次主题讨论做准备。

第二,参与讨论。分小组进行。互相介绍自己写的文章,互相交流自己的见解。每次每个小组指定一人面向大家公开发言。

第三,教师总结。对学生的发言做出一定的评价,归纳跟主题有关的跨文化内容。

第四,每次课后学生提交自己的发言稿作为作业。

五、教学反馈与总结

(一) 教学反馈

"中国文化与跨文化交际"课已经先后为四个年级的国外汉硕开设过。课程结束时,我们都通过电子邮件或面谈的方式,征求学生的意见和建议。学生反映良好,收获颇大。

有的学生说:学了这门课后,不但比较深入地了解了中国人的思维方式、价值理念、行为方式,也了解了不少其他国家的一些独特的交际文化,开阔了视野,更加深刻地体会到了文化的多样性。有的学生说:这门课很有用,不但使自己进一步了解了中国人,而且通过查找资料,也对自己国家的有关文化有了更加理性的认识,对自己以后的教学非常有帮助。

学生们对课程也提出了一些具体的建议和意见,如授课方式、讨论方式可以再灵活一点儿等。

(二) 总结

1. 通过授课,我们感觉跨文化交际课对学生非常有用。有些学生,特别是来自发达国家的学生,因为在中国遇到了一些看不惯、不理解的事,刚开始写文章、发言讨论的时候,言辞比较激烈。但过了一个月以后,能够理性、客观地分析问题了。一个学期下来,感觉学生对中国有了更深入的认识。

2. 学生的书面表达能力有了较大的提高。因为学生入学前很少写过分析性的文章,所以,刚开始写的时候基本上就是留学生一般作文的水平,而且口语味很浓。经过一个学期每周一次的文章写作和教师的修改(当然也少不了其他课程的贡献),书面语的写作水平有了较大的提高。这就为学生将来写毕业论文打下了比较扎实的基础。

3. 适应国外汉硕教学需要的跨文化教材的建设迫在眉睫。目前国内出版的跨文化教材基本上都是为中国学生编写的,对外国学生来说内容偏深。

4. 在教学上应该利用多种手段提高教学效果。

5. 教学应不仅仅限于课堂教学,应该走出去,深入不同的行业,通过参观访问加深对中国和中国人的认识和了解。

附录二

中国文化与跨文化交际调查

1. 本次调查以教材内容为纲,主要目的在于了解外国人在与中国人进行交际时,对影响交际的文化因素的认知度及与此相关的态度和看法。

2. 除了在问题后注明"可多选"的以外,其他的都是单选。

3. 不要在问卷上写自己的名字,只填写国籍、性别、班级、汉语水平即可。汉语水平最好填写HSK最高成绩,没有HSK成绩的填写学习年限。

国籍_____ 性别_____ 班级_____ 汉语水平_____

1. 你了解农耕文明、游牧文明、商业文明(海洋文明)的区别吗?(　　)

  A. 很了解   B. 比较了解

  C. 一般了解   D. 不太了解

  E. 很不了解

2. 你对你们国家属于哪种文明清楚吗?(　　)

  A. 很清楚   B. 比较清楚

  C. 一般清楚   D. 不太清楚

  E. 很不清楚

附录二　中国文化与跨文化交际调查

3. 你清楚你们国家文化的主要特点吗？（　　）
   A. 很清楚　　　　　　　　B. 比较清楚
   C. 一般清楚　　　　　　　D. 不太清楚
   E. 很不清楚

4. 你怎么看中国文化与西方文化？（可多选）（　　）
   A. 两者很不一样
   B. 西方文化整体上优于中国文化
   C. 中国文化整体上优于西方文化
   D. 两者各有所长、各有所短
   E. 两者的差异不是很大

5. 你认为西方文化是目前最强势的文化吗？（　　）
   A. 是　　　　　　　　　　B. 不是
   C. 可能是　　　　　　　　D. 不清楚

6. 你认为未来世界文化的发展方向会是什么样的？（　　）
   A. 世界文化多元化
   B. 以美国为代表的西方文化主导
   C. 以中国为代表的东方文化主导
   D. 其他文化主导，如：_____
   E. 充分吸收各种文化的优秀元素，形成一种世界性的新文化

7. 你认为中国文化未来的发展方向是什么？（　　）
   A. 坚守传统文化的阵地
   B. 全盘西方化
   C. 在中国传统文化的基础上，吸收西方文化的优秀因素
   D. 不清楚

8. 你认为你们国家的文化更接近于中国文化还是西方文化？
（   ）

    A. 更接近中国文化

    B. 更接近西方文化

    C. 跟中国文化和西方文化有明显的差别

9. 你认为影响跨文化交际的主要障碍是什么？（可多选）
（   ）

    A. 语言不过关　　　　B. 对异国文化不了解

    C. 对异国文化有成见　　D. 以自己所属文化为中心

10. 你认为对别的国家的人产生偏见的原因是什么？（可多选）
（   ）

    A. 对别国不了解　　　B. 本国或本民族优越

    C. 对别国有敌意　　　D. 受媒体或别人的影响

11. 你认为说某个国家的人具有某一特点符合实际情况吗？
（   ）

    A. 基本符合　　　　　B. 大部分符合

    C. 小部分符合　　　　D. 基本不符合

12. 你认同下边对各个国家的人的特点的正面说法吗？（可多选）（   ）

    A. 美国人自由、开放，个性张扬，爱冒险

    B. 法国人浪漫多情

    C. 德国人意志顽强、严谨、认真

    D. 俄国人勇敢、顽强

    E. 犹太人精明、有经商才能

    F. 韩国人好胜心强

G. 日本人精细、懂礼貌

H. 泰国人和善、友好

13. 你认同下边对各个国家的人的特点的负面说法吗？（可多选）（   ）

    A. 美国人傲慢、霸道　　B. 法国人散漫、好色

    C. 德国人刻板　　　　　D. 俄国人好斗，易走极端

    E. 犹太人贪婪、奸诈　　F. 韩国人性急、好斗

    G. 日本人小气　　　　　H. 泰国人懒散

14. 你认同下边对中国和中国人的特点的说法吗？（可多选）（   ）

    A. 爱面子

    B. 勤俭节约

    C. 注重人情和关系

    D. 做事情满足于差不多

    E. 法治意识不强

    F. 说话讲究委婉

    G. 公德心不够强

    H. 忍耐心强

    I. 乐观、宽容

    J. 重视孝道

    K. 重视群体胜于个人

    L. 重视等级与权威

    M. 官本位意识较强

    N. 重视礼仪

    O. 家庭责任感较强

P. 没有宗教信仰

Q. 实用、务实

R. 非常重视婚姻

S. 餐饮世界第一

T. 重视色彩的象征意义

U. 重视数字的象征意义

V. 对非语言交际手段非常在意

W. 民间传统游戏丰富、有意思

X. 传统节日很有特色

15. 你认为就性格来说,中国人内向的多还是外向的多?(　　)

　　A. 内向的人多　　　　B. 外向的人多

　　C. 差不多各占一半　　D. 内向外向区别不明显

16. 注重人情关系利大于弊还是弊大于利?(　　)

　　A. 利大于弊　　　　　B. 弊大于利

　　C. 各占一半　　　　　D. 没有坏处

　　E. 没有好处

17. 你对中国人爱面子怎么看?(可多选)(　　)

　　A. 和其他国家的人一样　B. 过分爱面子

　　C. 自尊的表现　　　　　D. 虚荣的表现

18. 你觉得中国人的等级与权威意识很强吗?(　　)

　　A. 和其他国家的人一样　B. 很强

　　C. 一般　　　　　　　　D. 不强

19. 你认为中国人等级与权威意识很强的原因是什么?(可多选)(　　)

　　A. 可以更好地为社会服务

附录二 中国文化与跨文化交际调查

    B. 社会地位高

    C. 可以获得较高的收入

    D. 满足个人权力欲

20. 你认为群体主义和个人主义中哪一个对社会的发展更有利?(　　)

    A. 以群体主义为主

    B. 以个人主义为主

    C. 各有利弊

21. 你认为世界上哪些国家的人更重视礼貌礼仪?(可多选)(　　)

    A. 中国   B. 英国   C. 法国   D. 日本

    E. 德国   F. 韩国   G. 泰国   H. 俄国

    I. 其他:_____

22. 你认为现在的人与过去的人相比,是更重视礼貌礼仪了还是不如过去?(　　)

    A. 比过去强   B. 不如过去   C. 差不多一样

23. 很多人认为中国人不如过去重视礼貌礼仪了,你认为这是什么因素造成的?(可多选)(　　)

    A. 经济发展   B. 历史原因

    C. 民主、平等观念增强   D. 儒家思想影响减弱

24. 很多人说中国人家庭观念很强,你认同这种说法吗?(　　)

    A. 认同   B. 基本认同

    C. 一般认同   D. 不太认同

    E. 不认同

25. 对现在中国夫妻双方地位的看法，你选择哪一项？（   ）

    A. 丈夫高于妻子　　　　　B. 妻子高于丈夫

    C. 夫妻平等　　　　　　　D. 表面上丈夫地位高

    E. 表面上妻子地位高

26. 你们国家的敬老观念明显吗？（   ）

    A. 非常明显　　　　　　　B. 比较明显

    C. 一般明显　　　　　　　D. 不太明显

    E. 不明显

27. 你认为中国人的敬老观念明显吗？（   ）

    A. 非常明显　　　　　　　B. 比较明显

    C. 一般明显　　　　　　　D. 不太明显

    E. 不明显

28. 你认为中国人的等级观念明显吗？（   ）

    A. 非常明显　　　　　　　B. 比较明显

    C. 一般明显　　　　　　　D. 不太明显

    E. 不明显

29. 你怎么看待中国的婚俗文化？（可多选）（   ）

    A. 很有中国文化特色　　　B. 很有意思

    C. 很烦琐　　　　　　　　D. 不如西式婚俗

    E. 很落后

30. 中国人认为婚姻是终身大事，为什么？（可多选）（   ）

    A. 中国人家庭观念强

    B. 婚姻关系到个人终身的幸福

    C. 婚姻会对个人事业的发展有很大的影响

    D. 结婚很麻烦，一般人只想结一次婚

附录二　中国文化与跨文化交际调查

31. 中国餐饮文化给你印象最深的是什么？(可多选)(　　)

    A. 菜的种类非常多　　B. 做菜的方法多样

    C. 菜的色香味俱全　　D. 菜的名字很有意义

    E. 酒的种类很多　　　F. 有很多礼仪讲究

32. 你对中国人的饭局怎么看？(可多选)(　　)

    A. 只有中国才有　　　B. 目的性很强

    C. 酒桌上办事容易　　D. 很重要的社交方式

    E. 被邀请参加饭局的人压力很大

33. 在你们国家重视饭局吗？(　　)

    A. 很重视　　　　　　B. 比较重视

    C. 一般重视　　　　　D. 不太重视

    E. 很不重视

34. 你觉得中国人重视色彩的文化含义吗？(　　)

    A. 很重视　　　　　　B. 比较重视

    C. 一般重视　　　　　D. 不太重视

    E. 很不重视

35. 你觉得你们国家的人重视色彩的文化含义吗？(　　)

    A. 很重视　　　　　　B. 比较重视

    C. 一般重视　　　　　D. 不太重视

    E. 很不重视

36. 你觉得中国人重视数字的文化含义吗？(　　)

    A. 很重视　　　　　　B. 比较重视

    C. 一般重视　　　　　D. 不太重视

    E. 很不重视

37. 你觉得你们国家的人重视数字的文化含义吗？（　　）
    A. 很重视　　　　　　　　B. 比较重视
    C. 一般重视　　　　　　　D. 不太重视
    E. 很不重视

38. 你觉得人们重视色彩和数字的原因是什么？（可多选）（　　）
    A. 迷信　　　　　　　　　B. 心理暗示
    C. 好玩儿　　　　　　　　D. 文化习俗

39. 你觉得中国人重视非语言交际方式吗？（　　）
    A. 很重视　　　　　　　　B. 比较重视
    C. 一般重视　　　　　　　D. 不太重视
    E. 很不重视

40. 你觉得你们国家的人重视非语言交际方式吗？（　　）
    A. 很重视　　　　　　　　B. 比较重视
    C. 一般重视　　　　　　　D. 不太重视
    E. 很不重视

41. 你觉得在跨文化交际中，非语言交际方式重要吗？（　　）
    A. 很重要　　　　　　　　B. 比较重要
    C. 一般重要　　　　　　　D. 不太重要
    E. 很不重要

42. 你怎么看中国民间传统游戏？（可多选）（　　）
    A. 很有意思　　　　　　　B. 很有中国特色
    C. 有丰富的文化内涵　　　D. 大人小孩都喜欢

43. 你了解你们国家的民间传统游戏吗？（　　）
    A. 很了解　　　　　　　　B. 比较了解
    C. 一般了解　　　　　　　D. 不太了解

附录二　中国文化与跨文化交际调查

　　E. 不了解

44. 你怎么看中国传统节日？（可多选）(　　)

　　A. 很有意思

　　B. 很有中国特色

　　C. 有丰富的文化内涵

　　D. 年轻人对传统节日越来越陌生了

　　E. 大多数人不喜欢传统节日了

45. 你了解你们国家的传统节日吗？(　　)

　　A. 很了解　　　　　　　B. 比较了解

　　C. 一般了解　　　　　　D. 不太了解

　　E. 不了解

46. 你怎么看你们国家的传统节日？（可多选）(　　)

　　A. 很有意思

　　B. 很有特色

　　C. 有丰富的文化内涵

　　D. 年轻人对传统节日越来越陌生了

　　E. 大多数人不喜欢传统节日了

主要参考文献

[美]P. K. 博克 《多元文化与社会进步》,余兴安、彭振云、童奇志译,辽宁人民出版社,1988。

[美]阿瑟·亨德森·史密斯 《中国人的性格》,姚锦镕译,中国华侨出版社,2011。

[美]爱德华·T. 霍尔 《无声的语言》,刘建荣译,上海人民出版社,1991。

[美]拉尔斐·比尔斯等 《文化人类学》,骆继光、秦文山等译,河北教育出版社,1993。

[美]莱杰·布罗斯纳安 《中国和英语国家非语言交际对比》,毕继万译,北京语言学院出版社,1991。

[美]露丝·本尼迪克特 《文化模式》,王炜等译,三联书店,1992。

[美]罗伯特·路威 《文明与野蛮》,张庆博译,陕西人民出版社,2012。

[英]伯特兰·罗素 《中国人的性格》,王正平译,中国工人出版社,1993。

北京汉语国际推广中心、北京师范大学汉语文化学院编 《国际汉语教育人才培养论丛》(第一辑),北京大学出版社,2010。

北京汉语国际推广中心、北京师范大学汉语文化学院编 《国际汉语教育人才培养论丛》(第二辑),北京大学出版社,2011。

北京汉语国际推广中心、北京师范大学汉语文化学院编 《国际汉语教育人才培养论丛》(第三辑),北京大学出版社,2012。

北京汉语国际推广中心、北京师范大学汉语文化学院编 《国际汉语教育人才培养论丛》(第四辑),北京大学出版社,2014。

毕继万 《跨文化非语言交际》,外语教学与研究出版社,2009a。

毕继万 《跨文化交际与第二语言教学》,北京语言大学出版社,2009b。

蔡德贵 东方文化及其发展趋势研究,《中山大学学报》(社会科学版)1998年

主要参考文献

第 4 期。
陈虎强　论面子观念——一种中国人典型社会心理现象的分析,《湖南师范大学社会科学学报》1999 年第 1 期。
杜学增　《中英(英语国家)文化习俗比较》,外语教学与研究出版社,1999。
樊葳葳、陈俊森、钟　华编　《外国文化与跨文化交际》(第 2 版),华中科技大学出版社,2008。
付　云　中美城市现代婚姻家庭中的夫妻关系,郑州大学硕士学位论文,2000。
高剑华　对外汉语教学中的跨文化意识,《教育科学》2007 年第 5 期。
何兹全　《中国文化六讲》,河南人民出版社,2004。
侯艳霞、王小华　中美身势语之文化差异分析,《考试周刊》2007 年第 35 期。
胡　亮　由传统到现代——中国家庭结构变迁特点及原因分析,《西北人口》2004 年第 1 期。
胡文仲　《跨文化交际学概论》,外语教学与研究出版社,1999。
黄　炎　对外汉语教学中跨文化交际研究述评,《海外华文教育》2009 年第 4 期。
蒯大申、祁　红　《中国人的民俗世界》,安徽文艺出版社,2009。
李　军、朱筱新编著　《中西文化比较》,中国人民大学出版社,2011。
李丽梅　跨文化交际中的禁忌问题——中西方文化差异之探讨,《济源职业技术学院学报》2004 年第 3 期。
林语堂　《吾国与吾民》,江苏文艺出版社,2010。
刘怀荣　中华传统优秀文化的源流、特征与当代价值,《东方论坛》2016 年第 1 期。
刘梦溪　中华文化的特质,2013,http://blog.sina.com.cn/s/blog_4a169fd50102eg17.html。
刘梦羽　专访国务院参事、国家汉办主任、孔子学院总部总干事许琳　孔子学院的"苦"与"歌",《中国报道》2011 年第 11 期。
刘瑞芳、朱向东　略论官本位的表现与危害,人民论坛,2010 年 7 月 28 日。
刘　汀　乡下母亲的生活哲学,《才智・智慧版》2015 年第 2 期。
龙应台　文化是什么,《中国青年报》2005 年 10 月 19 日。
吕必松　关于教学内容与教学方法问题的思考,《语言教学与研究》1990 年第

2 期。

潘一禾　《超越文化差异:跨文化交流的案例与探讨》,浙江大学出版社,2011。

亓　华　中国对外汉语教学界文化研究 20 年述评,《北京师范大学学报》(社会科学版)2003 年第 6 期。

钱　穆　《从中国历史来看中国民族性及中国文化》,香港中文大学出版社,1979。

乔　建、潘乃谷主编　《中国人的观念与行为》,天津人民出版社,1995。

任一丁　"吃"是华人的一种文化,《人民日报》(海外版)2013 年 11 月 8 日。

沙莲香　《中国民族性》(贰),中国人民大学出版社,2012。

石毓智　《中国人的逻辑》,江西教育出版社,2015。

汪凤炎、郑　红　《中国文化心理学》,暨南大学出版社,2004。

王　晖选编　《现代中国人的生活与文化》,韩国天主教大学中语中文学科自编教材,2006。

王小章主编　《中国社会心理学》,浙江大学出版社,2008。

王　雪、顾相菊　集体主义和个人主义——中美社会文化差异理解的关键,《科技信息》2010 年第 27 期。

王岳川　东方文化身份与中国立场,《东南学术》2005 年第 1 期。

吴为善、严慧仙　《跨文化交际概论》,商务印书馆,2009。

吴晓露、程朝晖主编　《说文化谈汉语》,北京语言大学出版社,2008。

吴晓露　论语言文化教材中的文化体现问题,《语言教学与研究》1993 年第 4 期。

武彦君、赵　欣　浅谈跨文化交流中身势语的文化差异,《语文学刊》2009 年第 3 期。

谢少万　语言交际与文化关系,《广西师范大学学报》(哲学社会科学版)2002 年第 1 期。

严文华　《跨文化沟通心理学》,上海社会科学院出版社,2008。

易中天　《掀起你的盖头来》,海南出版社,1995。

易中天　《闲话中国人》,上海文艺出版社,2006。

易中天　《文明的意志与中华的位置》,浙江文艺出版社,2014。

张岱年、方克立主编　《中国文化概论》(修订版),北京师范大学出版社,2015。

主要参考文献

张　欣编著　《中国社会文化礼俗》,上海大学出版社,2000。
张占一、毕继万　如何理解和揭示对外汉语教学中的文化因素,《语言教学与研究》1991年第4期。
张占一　交际文化琐谈,《语言教学与研究》1992年第4期。
张占一　试议交际文化和知识文化,《语言教学与研究》1990年第3期。
张占一　谈谈汉语个别教学及其教材,黎天睦《现代外语教学法——理论与实践》,北京语言学院出版社,1987,188—190。
赵宏勃　对外汉语文化教材编写思路初探,《语言文字应用》2005年第9期。
赵先洲　文化差异与文化导入策略,《语言教学与研究》1989年第1期。
周立升、颜炳罡等　《儒家社会与当代文化》,山东大学出版社,2002。
周思源　"交际文化"质疑,《汉语学习》1992年第4期。
祖晓梅　《跨文化交际》,外语教学与研究出版社,2015。

后　　记

　　2006年3月,我赴韩国天主教大学中语中文学科讲授汉语和中国文化。第一学期结束前,当时的学科主任朴德俊教授告知我,第二学期高年级有一门"现代中国人的生活与文化"课让我上,没有现成的教材,让我自编教材并装订成册供学生使用。当时,对承担这门课我可以说是一点儿心理准备也没有,加之时间紧、任务重,顿觉压力倍增。在这里要感谢我的同事侯玲玲老师,她早我两年在该校任教上过此课,留下了一些材料,这省了我不少事。放暑假后,利用假期回国探亲的时间,我又从国内搜集了一些材料带去了韩国。我一边阅读材料,一边梳理自己的思路。看完材料,关于这门课的思路就基本清晰了:以影响中国人交际的文化内容为重点组织材料,同时介绍中国人主要的交际生活。思路一定,即着手选编资料。新学期开始后,把装订成册的教材发给大家,心里还是有些忐忑的:不知学生是否能接受这样的内容和思路。令人欣慰的是效果很好。在整个教学过程中,学生积极写文章参加讨论,踊跃发言、辩论。课程结束后,我听取了学生们的意见,大部分人反映,内容很实用,对了解和理解中国人的交际很有帮助。第二年回国后,我在学院汉语言本科高年级班(大部分是韩国学生)开设了这门课,反响也不错。

　　2009年,学校申请汉语国际教育硕士专业学位点获得成功,我承担了面向外国硕士研究生的"中国文化与跨文化交际"课。我先后

后　记

给五届外国硕士研究生上过此课,课件和讲稿不断修改、完善,听过此课的同学也提出了许多宝贵的意见和建议。

本书初稿完成后,王翰宸同学为第十四讲配了插图。

在本书的写作过程中,学院史冠新老师、曲江川老师、张淑慧老师都给予了许多帮助。曲江川老师与我交流颇多,给了我很多建议,使我获益匪浅。

感谢上过此课的外国研究生同学,不少同学听过此课后给我提出了宝贵的意见和建议。要说明的是,部分同学提交的作业经过语言文字上的修改后,整篇或部分成了"外国学生谈"的主体内容。

感谢我的太太孔华女士,她承担了很多资料查找的工作。

需要特别说明的是,本书参考了许多专家学者的论著,也从网络上收集了许多有价值的材料,很多没有一一列出,所参考、化用的文献都已列入"主要参考文献"。限于联系渠道,请有关作者或编者见到本书后与本人联系,本人会按照规定与有关作者或编者协商,寄赠本书或略致薄酬。

由于经验不足,学识有限,本书一定存在许多不足和缺陷,诚恳地欢迎各位使用者和读者批评、指正。

王　晖

qddxwanghui@126.com

2016 年 9 月于青岛大学国际教育学院